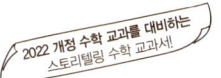

2022 개정 수학 교과를 대비하는
스토리텔링 수학 교과서!

견우와 직녀가 분수 때문에 싸웠대

초등 1·2학년 수학동화 시리즈 ❺
견우와 직녀가 분수 때문에 싸웠대(개정판)

4판 3쇄 발행 2025년 8월 28일

글쓴이	이안
그린이	김창희
수학놀이	한지연

펴낸이	이경민
펴낸곳	㈜동아엠앤비
출판등록	2014년 3월 28일(제25100-2014-000025호)
주소	(03972) 서울특별시 마포구 월드컵북로 22길 21, 2층
홈페이지	www.moongchibooks.com
전화	(편집) 02-392-6901 (마케팅) 02-392-6900
팩스	02-392-6902
전자우편	damnb0401@naver.com
SNS	

ⓒ 이안, 김창희

ISBN 979-11-6363-755-4 (74410)
　　　979-11-6363-749-3 (세트)

※ 책 가격은 뒤표지에 있습니다.
※ 잘못된 책은 구입한 곳에서 바꿔 드립니다.

도서출판 뭉치는 ㈜동아엠앤비의 어린이 출판 브랜드로, 아이들의 지식을 단단하게 만들어 주고, 아이들의 창의력과 사고력을 키워 주어 우리 자녀들이 융합형 창의 사고 뭉치로 성장할 수 있도록 좋은 책을 만들겠습니다.

추천사

　수학이 재미있는 이야기로 꾸며진다면 어떨까요? 매일 동화책을 읽듯이 수학 공부를 하면 참 재미있을 거예요.

　사람들은 대부분 '수학' 하면 더하기, 빼기, 곱하기 같은 계산을 떠올리지만, 사실 수학은 우리들의 일상생활 속에서 시작되었어요. 아주 오랜 옛날부터 사람들은 물건을 세거나 계산해야 할 일이 생겨났거든요. 또 내가 기르는 양이 몇 마리인지, 수확한 사과가 몇 개인지 알아보려면 수가 필요했지요. 이렇게 해서 생겨난 것이 수학이랍니다.

　수학은 사람들의 호기심에서 시작되었기 때문에 수학에는 많은 이야기가 숨어 있어요. 사실 수학을 빼고 나면 "떡 하나 주면 안 잡아 먹지!"라고 하는 『해님 달님』 동화도 읽을 수 없고, "십 리도 못 가서 발병 난다."고 하는 '아리랑' 노래도 부를 수 없어요. 피라미드의 높이를 잰 것도, 지구의 둘레를 잴 수 있었던 것도 바로 수학이 있었기 때문이지요. 이야기 속에 어떤 수학이 숨어 있나 찾아보는 것도 즐거운 수학 공부가 될 수 있어요.

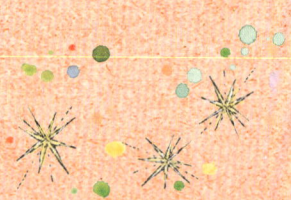

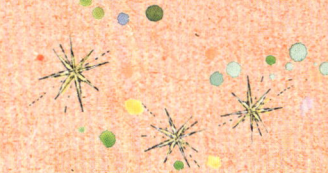

　이야기를 통해 수학을 배우면 배운 내용을 쉽게 그리고 오래 기억할 수 있어요. 지금보다 여러분이 더 어렸을 적 엄마 아빠가 들려준 이야기처럼 말이지요. 이 책을 읽다 보면 가끔은 이해가 되지 않는 부분도 있을 거예요. 하지만 걱정하지 말고 그냥 지나쳐도 괜찮아요. 아직은 배우지 않았지만 곧 학교에서 배우게 될 거니까요. 그때 지금 읽었던 이야기가 여러분 머릿속에 번쩍하며 떠오를 겁니다.

　애완견 '와리'와 '이야기 속 주인공'들이 함께하는 재미있는 수학 탐험으로 여러분을 초대합니다.

　그동안 수학이 더하기, 빼기 같은 계산만 있다고 생각하였다면, 이젠 이야기 속 주인공들과 함께 수학이 어디에 쓰이는지, 수학이 왜 필요한지 이야기를 통해 자연스럽게 알게 될 거예요. 이 책을 읽는 어린이 여러분은 '혹부리 영감, 도깨비 방망이'와 동화 속 이야기가 그러하듯이 수학동화 시리즈 속의 이야기를 통해 자유롭게 상상하고 맘껏 즐기길 바랍니다. 수학은 여러분이 생각하는 것보다 훨씬 재미있고 흥미진진합니다. 그러다 보면 어느새 수학은 재미없는 계산 문제가 아니라 호기심 가득한 신 나는 '장난감'이 될 거예요.

서울노일초등학교 교사 김남준

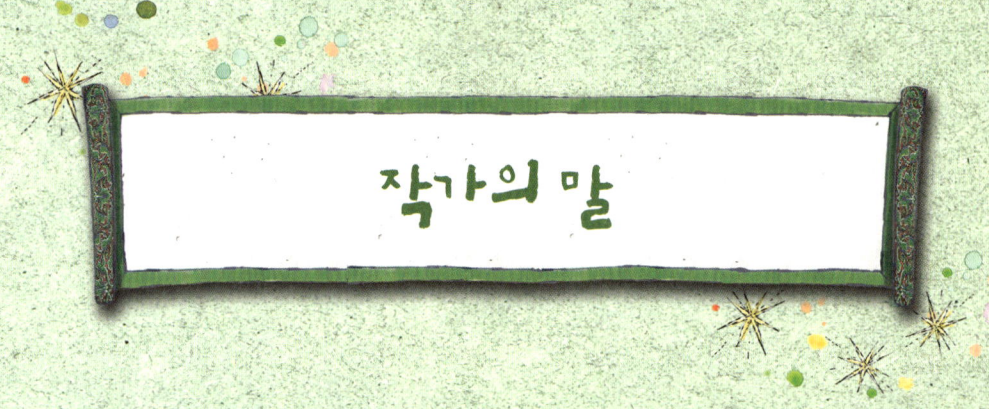

작가의 말

　자연수의 덧셈과 뺄셈을 배우고 나니, 이젠 곱셈과 나눗셈을 배우라고 한다고요? 게다가 분수라는 이상한 수까지 나오다니! 머릿속이 빙글빙글 어지러울 지경이라고요?

　그래요. 수학은 배워야 할 게 무척 많지요. 하지만 배우는 방법에 따라 수학은 아주 재미있는 공부가 될 수도 있어요.

　분수를 재미있게 배우는 방법을 알려 줄까요? 전래동화 속에 나오는 인물들과 놀다 보면 저절로 분수가 익혀진답니다.

　거짓말이라고요?

　천만에요. 이 책을 한번 펼쳐 보세요. 콩쥐와 팥쥐, 흥부와 놀부, 견우와 직녀, 염라대왕에 저승사자까지, 온갖 전래동화의 인물들이 울고 웃고, 달리고 소리치고 하지요.

　이 책의 주인공인 강아지 와리는 아주 재미있는 여행을 해요. 시우와 싸우다가 지옥으로 끌려왔거든요. 지옥을 여행하게 된 거예요. 우와! 지옥 여행이라니!

상상만 하던 지옥을 볼 수 있는 좋은 기회인 거죠. 게다가 염라대왕이 낸 문제를 전래동화 속의 주인공들과 풀다가 저절로 분수 박사가 되었지 뭐예요.

　　여러분도 와리와 함께 지옥 여행을 떠나 보세요.

　　어렵고 골치 아프게만 느껴지던 수학이 사실은 아주 쉽고 재미나단 걸 알게 될 거예요.

　　이 책을 읽으며 깔깔깔, 낄낄낄 웃다 보면 저절로 초등학교 1, 2, 3학년이 알아야 할 분수를 익히게 되지요. 조금은 어려울 수 있는 초등학교 4학년 과정의 분수까지도 쉽고 재밌게 익힐 수 있어요.

　　와리와 떠나는 지옥 여행이 궁금한가요? 분수가 뭔지 궁금하세요? 그럼 살그머니 책장을 넘겨 보세요. 신기하고! 신나고! 배꼽 빠지게 재미난 지옥 나라 분수 여행이 여러분을 기다리고 있으니까요.

어린이책 작가 이안

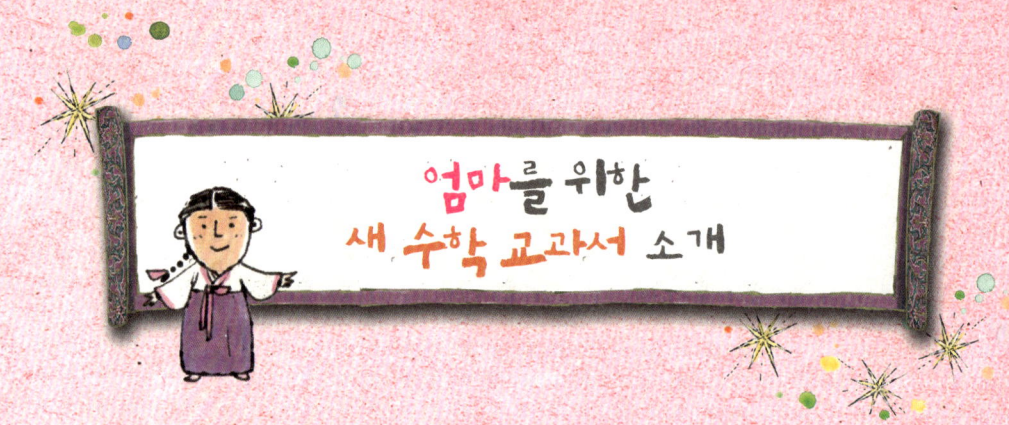

엄마를 위한 새 수학 교과서 소개

　예전의 수학 교과서는 공식과 문제 풀이 위주의 딱딱한 내용들로 가득 차 있었습니다. 하지만 아이들이 이렇게 수학을 공부하면 금세 흥미를 잃고 배운 내용도 잊어버리고 말지요. 그래서 2012년 1월, 교육과학기술부에서는 수학 교과서의 구성을 스토리텔링으로 바꾸겠다고 발표했습니다.

　스토리텔링 수학은 수학 내용과 관련 있는 소재와 상황 등을 동화로 꾸며 쉽고 재미있게 배우는 수학 학습법입니다. 또한 2015 개정 교육과정이 적용된 수학 교과서는 형식은 스토리텔링 수학을, 내용에서는 실생활 연계 통합교과형(STEAM) 수학을 보여주었습니다. 또한 학습 내용을 기존 교과서보다 20%나 줄이고 쉽게 조정하는 대신 다양한 교구를 활용한 활동을 늘렸습니다. 수학을 놀이처럼 즐기면서 자연스럽게 수학 학습을 할 수 있도록 하였습니다.

　한편 2022 개정 교육과정에서 초중등 수학의 목표는 '초등과 중등의 연계성 강화'입니다. 이를 위해 교과 영역을 통합하고 과정을 간소화합니다. 즉 크게 수와 연산, 변화와 관계, 도형과 측정, 자료와 가능성 등 4개 영역으로 통합하였습니다.

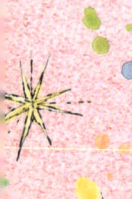

그렇지만 여전히 단원 시작은 스토리텔링을 통해 학생들의 호기심과 흥미를 유발합니다. 또한 수학 교과서가 검정으로 바뀐 뒤 학교마다 다른 교과서를 사용하지만 학년별로 알아야 할 수학 성취 기준 내용은 공통입니다.

〈초등 1·2학년 수학동화〉 시리즈는 이러한 수학 교육의 변화에 맞춘 학습 동화입니다. 아이들에게 익숙한 명작 동화와 전래 동화 이야기로 학습 내용을 구성하여 자연스럽게 수학 지식을 익히도록 하였습니다. 책 속 부록인 〈개념이 쏙쏙 들어오는 엄마표 수학 놀이〉는 교과서에 첨가된 체험 및 놀이 영역을 반영하여 가정에서 부모님이 아이들과 함께 재미있는 놀이로 책을 통해 배운 내용을 복습할 수 있게 구성되어 있습니다.

전래 동화와 명작 동화 속 주인공들이 펼치는 신 나는 모험 이야기를 따라가다 보면 아이들은 어느새 새로운 수학 개념과 문제 해결 방법을 깨닫게 되는 경험을 하게 될 것입니다.

편집부

전래동화도 함께 읽어 보세요

『흥부전』 놀부는 아버지가 죽자, 유산을 독차지하고 동생인 흥부를 내쫓아요. 흥부는 아내와 여러 아이들과 함께 움집에서 헐벗고 굶주린 채 살아가죠. 어느 날 흥부는 땅에 떨어져 다리가 부러진 새끼 제비를 정성껏 돌봐 날려 보내요. 이듬해에 제비는 흥부에게 박씨 한 개를 물어다 주지요. 가을이 되어 잘 여문 박을 켜자, 박 속에서 온갖 보물들이 끝없이 쏟아져 나와 흥부는 부자가 되었대요. 그 이야기를 들은 놀부가 새끼 제비 한 마리를 잡아 다리를 부러뜨린 뒤 실로 동여매어 날려 보내요. 그러자 그 제비도 박씨를 물어다 주어요. 그러나 놀부가 심은 박에서는 온갖 괴물이 나타나 집을 모두 부숴 버렸대요.

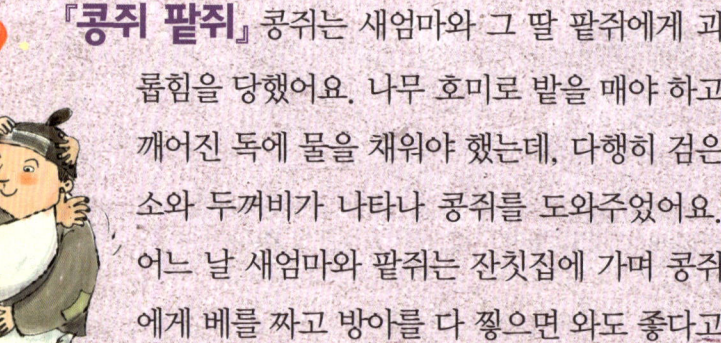

『콩쥐 팥쥐』 콩쥐는 새엄마와 그 딸 팥쥐에게 괴롭힘을 당했어요. 나무 호미로 밭을 매야 하고 깨어진 독에 물을 채워야 했는데, 다행히 검은 소와 두꺼비가 나타나 콩쥐를 도와주었어요. 어느 날 새엄마와 팥쥐는 잔칫집에 가며 콩쥐에게 베를 짜고 방아를 다 찧으면 와도 좋다고

했어요. 이번엔 선녀가 나타나 베를 짜 주고 참새를 불러 쌀 껍질을 벗겨 주어 콩쥐는 잔칫집에 갈 수 있었어요. 잔칫집에 가던 콩쥐가 비단신 한 짝을 잃어버렸는데 고을 사또가 찾아 주었어요. 사또는 첫눈에 콩쥐를 좋아하게 되고 사또와 콩쥐는 결혼하여 오래도록 행복하게 살았답니다.

『견우와 직녀』 하늘나라의 목동인 견우는 밭을 열심히 갈고, 옥황상제의 손녀인 직녀는 베를 잘 짜기로 유명했대요. 그런데 견우와 직녀가 서로 사랑해 결혼을 하자 함께 놀기만 하고 게으름을 피웠대요. 이에 옥황상제가 크게 노하여 견우는 은하수 동쪽에, 직녀는 은하수 서쪽에 떨어져 살게 하죠. 건널 수 없는 은하수를 사이에 두고 견우와 직녀는 서로 그리워하며 애를 태워요. 이러한 견우와 직녀의 안타까운 사연을 전해들은 까마귀와 까치들이 해마다 칠석날에 둘을 만나게 해 주기 위해 하늘로 올라가 다리를 놓아 주어요. 이 다리가 오작교예요. 견우와 직녀는 칠석날이 되면 오작교를 건너 서로 만난답니다.

이야기 속 친구들을 소개합니다

와리

요즘엔 간식을 제대로 나눠 주지 않는 시우 때문에 스트레스가 아주 심해. 어느 날, 시우와 함께 지옥으로 끌려 왔는데 염라대왕이 내는 분수 문제를 풀어야만 집으로 돌아갈 수 있대. 아, 난 시우와 집으로 돌아올 수 있을까?

시우

학교에서 분수를 배웠지만, 잘 이해가 되질 않아. 염라대왕이 내는 분수 퀴즈를 풀어야만 하는데……. 어쩌지?

염라대왕

난 무서운 염라대왕! 난 시끄러운 소리가 제일 싫어. 그런데 어느 날, 땅 위 세상에서 어떤 녀석들이 요란스럽게 다투는 소리가 들리는 거야. 이 녀석들! 당장 잡아다가 지옥 불에 던져 버릴 거야!

저승사자

시끄럽게 떠드는 녀석들 때문에 나만 바빠졌어. 염라대왕님은 녀석들을 지옥 불에 던져 버리라고 보채고, 녀석들은 그럴수록 더 난리법석이야. 으이구! 저 녀석들을 어쩌지?

놀부

흥부하고 말다툼을 하다가 지옥에 붙들려 왔어. 흥부 녀석이 대들지만 않았어도 이런 일은 없었을 거야.

흥부

형님하고 다투다가 불지옥에 떨어지게 생겼어. 하지만 형님이 모든 걸 저 혼자 가지려고 하는 걸 더 이상은 두고 볼 수 없어. 그래도 불지옥은 싫은데…….

콩쥐

나도 팥쥐와 새엄마의 구박을 더 이상 참지 않을 거야. 이젠 당하지만은 않을 거라고!

팥쥐

대체 내가 뭘 잘못했다는 거지? 난 콩쥐를 괴롭힌 적 없어! 빨리 염라대왕의 문제를 풀고, 집으로 돌아갈 거야.

직녀

엉엉! 견우의 마음이 변했어. 어쩌면 좋아. 염라대왕은 내가 울어서 시끄럽다며 벌을 주려고 하지만, 내 입장이 돼 보면 이해가 될걸. 엉엉! 견우도 염라대왕도 다 미워!

차례

추천사 • 4
작가의 말 • 6
엄마를 위한 새 수학 교과서 소개 • 8
명작동화 및 등장인물 소개 • 10

이야기 하나
지옥이 와글와글 • 18
분수로 표현하기

이야기 둘
놀부 편을 이겨라! • 40
대분수와 가분수

이야기 셋

흥부편 $\frac{3}{3}$, 놀부편 $\frac{3}{3}$
그러니까 우린 1 · 56

1과 크기가 같은 분수 만들기

이야기 넷

염라대왕 괴롭히기 대작전 · 72

분수의 크기 비교하기

책속부록

개념이 쏙쏙 들어오는 엄마표 수학놀이 · 88

홈스쿨링 전문가 중현맘이 추천하는 수학놀이로 개념과 원리를 다져요!

수학놀이1 맛있는 간식 나눠 먹기
수학놀이2 분수야, 넌 몇 분의 몇이니?
수학놀이3 같은 분수 큰 분수, 어디 있을까?
수학놀이4 내가 먼저 1(동그라미)을 만들 거야!
수학놀이5 가분수야, 대분수로 변신해라 얍!
수학놀이6 15의 $\frac{1}{3}$은 얼마지?

이야기 하나

지옥이 와글와글

📖 7. 분수

"반칙 아니야! 반반 나눠 먹기로 했잖아. 분명히 난 너에게 반을 뚝 잘라 줬다고."

시우가 냅다 소리쳤다. 조금도 잘못한 것이 없다는 듯 당당한 표정이다.

"왈왈 왈왈왈왈! 왈!(이게 어떻게 반이야. 내 것이 훨씬 작잖아. 잘 보라고.)"

억울한 마음에 나도 고래고래 고함을 쳤다. 그러자 시우가 두 눈을 하얗게 흡뜨며 나를 노려보았다.

"야, 와리! 너 정말 이럴 거야? 강아지 주제에 감히 주인에게 대들다니! 혼 좀 나 볼래?"

시우의 말에 난 꼬리털에 불이라도 활활 붙은 기분이었다. 사람이라는 걸 무기삼아 나에게 협박을 하다니! 치사하다! 치사해!

내 이름은 와리. 시우네 집에 사는 강아지다. 하지만 그저 그런 평범한 강아지로 생각하면 곤란하다. 난 사람들의 말도 알아듣고, 시우와도 친구처럼 지내는 특별한 강아지니까. 사실 지금까진 시우와 별 탈 없이 잘 지내왔다. 물론 내 성격이 워낙 소탈하기 때문이지만 말이다.

헌데 요즘은 매일 싸움이다. 밥을 먹다가도 싸움, 산책을 하다가도 싸움, 심지어는 텔레비전을 보다가도 싸움이다. 싸우는 이유가 뭐냐고? 그건 순전히 시우 탓이다. 나이를 한 살 더 먹더니 시우는 고집만 늘었다.

"오늘 간식은 피자로 하자."

오징어를 구워 먹자는 내 말은 들은 채도 않고 피자를 데우고,

"오늘은 놀이터에 가지 말고 뒷산으로 산책 가자."

힘든 뒷산 산책로를 고집하더니,

"만화는 이제 시시해. 드라마 보자."

내가 젤로 좋아하는 텔레비전 만화를 무시하는 시우. 한마디로 제멋대로다.

오늘 일만 해도 그렇다. 출출해질 무렵, 시우 엄마는 구수한 오징어 부침개를 부쳐 주었다.

"왈왈 왈왈왈!(히야! 내가 젤로 좋아하는 오징어 부침개다!)"

신이 난 내가 콧구멍을 벌름거리며 부침개 접시로 다가가는 참이었다.

"잠깐! 이거 우리 반반 나눠 먹자! 공평하게!"

시우가 부엌 가위를 치켜들고 소리치지 뭔가. 사실 괜찮은 방법이다 싶었다. 서로 많이 먹으려다 보니 허겁지겁 음식을 삼키기 일쑤고, 그러다 보면 다 먹고도 도

통 뭘 먹었는지 그 맛을 음미할 틈이 없었다.

"왈!(좋아!)"

난 흔쾌히 승낙을 했다.

그런데 저게 뭐란 말인가! 시우가 비스듬히 나누어 놓은 부침개를 보시라. '반반 나눈다'는 것은 똑같은 크기로 나눈다는 뜻이란 걸 모를 리 없는 시우! 이건 누가 봐도 속임수다!

"왈왈왈 왈왈!(교활한 사기꾼!)"

"뭐라고? 이 지저분한 똥개야!"

결국 터져 버린 싸움! 시우는 나를 향해 악을 썼고, 나도 지지 않으려고 이를 갈며 으르렁거렸다.

"으르르릉! 왈왈왈!"

"이 먹보 똥개야!"

이상한 일은 바로 그 순간에 벌어졌다.

우르르르 쾅쾅!

천둥번개 소리가 요란하더니 펑! 소리와 함께 갑자기 눈앞이 시커멓게 변했다. 곧이어 쩍! 소리를 내며 갈라지는 땅. 세상에! 시우와 나는 갈라진 틈 사이로 쑤욱 빨려 들어가고 있었다.

"와리야! 여, 여기가 어딜까?"

겁을 잔뜩 먹은 시우 목소리에 간신히 눈을 떴다. 땅굴 속처럼 어두컴컴한 세상! 여기저기 밝혀진 등불에 간신히 시우 얼굴만 볼 수 있었다.

"왈왈 왈왈왈왈?(땅속 같아. 설마 지옥은 아니겠지?)"

"뭐 지옥? 으앙! 정말 지옥이면 어떡해?"

시우가 막 울음을 터뜨리는 순간이었다.

"아이고! 제발 좀 조용히 해! 당장 울음을 그치지 않으면 그 입을 다시는 벌리지 못하도록 꿰매 버릴 거다!"

천둥 같은 고함과 함께 나타난 사람! 아니, 귀신이 분명했다. 검은 갓에 시커먼 도포 자락을 휘날리며 다가오는 사내 귀신!

순간 시우는 울음을 뚝 그치며 벌벌 떨었다.

"저, 저승사자야! 우, 우린 이제 주, 주, 죽, 죽었어!"

시우는 말까지 더듬더듬!

그런데 가만 보니 시우 말이 맞지 뭔가. 언젠가 시우의 그림책에서 봤던 저승사자의 모습과 똑같았다.

"왈왈왈!(살려 주세요!)"

나는 꼬리까지 바들거리며 싹싹 빌었다. 하지만 저승사자는 막무가내로 시우와 나를 잡아끌었다.

"어림없지! 염라대왕님의 낮잠을 깨운 것이 어디 보통 죄이더냐. 이놈들! 염라대왕님이 당장 네놈들을 잡아들이라고 하셨다! 어서 가자!"

염라대왕의 낮잠을 깨웠다고? 난 어리둥절했다. 그런데 염라대왕의 앞에 끌려가 보니 그 이유를 알 수 있었다. 산만 한 덩치에 온몸이 털투성이인 염라대왕은 보기만 해도 소름이 끼쳤다.

"이놈들! 땅 위에서 들리는 네놈들의 다툼 소리에 귀가 다 얼얼할 정도다! 얼마나 시끄러운지 도통 잠을 잘 수가 없구나. 감히 나의 낮잠을 깨우다니! 당장 이놈들을 불지옥에 던져 버려라!"

시우와 내가 싸우는 소리가 땅속 지옥까지 울렸고, 그 참에 염라대왕이 낮잠에서 깬 모양이었다. 헌데 염라대왕 앞에 끌려온 건 우리만이 아니었다.

"아이고! 살려 주시오!"

"한 번만 용서해 주시오, 잉!"

눈물까지 뚝뚝 흘리며 빌고 있는 저 사람은? 그림책에서 본 흥부와 놀부가 분명했다. 흥부와 놀부 형제도 다툼을 벌이다가 끌려온

모양이었다. 그 옆엔 두 명의 소녀도 보였다. 헌데 그중 한 명은 당돌하기 짝이 없었다.

"염라대왕이 뭐 이래요? 염라대왕이라면 일단 왜 싸웠는지, 누가 옳은지, 그런 것부터 판단을 해 줘야 하잖아요. 그 후에 벌을 내려야지. 안 그래요?"

소녀는 전혀 기가 죽지 않은 얼굴로 염라대왕을 향해 다부지게 소리쳤다.

"옳거니! 그 말이 맞네."

놀부도 맞장구를 치고 나섰다.

"맞아! 맞아!"

물론 시우와 나도 고개를 끄덕였다. 염라대왕은 입술을 삐죽거리더니 '흠흠!' 헛기침을 한참 하고 나서야 조금 누그러진 목소리로 말했다.

"좋다! 팥쥐 말을 들어 주지! 그래, 콩쥐와 팥쥐는 왜 싸웠느냐?"

오호라! 그제야 나는 두 소녀의 정체를 알았다. 당돌한 소녀는 팥쥐, 그러니까 그 곁에 선 허름한 차림의 소녀는 콩쥐가 분명했다.

먼저 사연을 말한 이는 팥쥐였다.

"우리 엄마는 분명히 콩쥐하고 나에게 똑같이 물을 길러서 독을 채우라고 했다고요. 근데 콩쥐가 불공평하다고 싸움을 걸어왔다니까요."

그러자 콩쥐가 울먹울먹 말했다.

"전 정말 억울해요. 저걸 보세요. 독의 크기가 다르잖아요. 내 독이 훨씬 크다고요."

콩쥐가 가리킨 곳엔 정말 크기가 확 차이 나는 독이 두 개 보였다. 팥쥐와 새엄마도 시우처럼 치사한 짓을 한 게 분명했다. 하지만 팥쥐는 지지 않았다.

"너도 독 하나만 채우면 되고, 나도 독 하나만 채우면 되는 거니까

공평한 거지. 독이 크고 작은 게 무슨 상관이야."

팥쥐의 말에 이번에 흥부가 나섰다.

"난 콩쥐 편이여. 나도 콩쥐처럼 억울한 일을 당했거든."

"왈왈 왈왈?(무슨 일인데요?)"

콩쥐와 나는 흥부 곁으로 바싹 다가가며 물었다.

"작년에 제비가 물어온 박씨를 심었더니 큰 박이 하나 열린 거여. 그래서 둘이 똑같이 나누어 가지기로 했지. 근데 놀부 형이 박을 이상하게 잘랐지 뭐여. 놀부 형의 박이 내 것보다 훨씬 컸어."

흥부와 놀부도 박 때문에 싸움을 벌이다가 끌려온 모양이었다.

"그게 무슨 상관이여! 둘로 나눠서 하나씩 가졌으니까 공평한 거지."

놀부는 뻔뻔한 표정으로 흥부를 흘겨보았다.

"왈왈왈 왈왈!(그게 뭐가 공평해. 순 사기꾼!)"

"뭐, 내가 사기꾼이라고?"

"그래 놀부는 나빠. 팥쥐랑 시우도 나빠."

"우리가 왜 나빠? 우린 공평했다고! 우리가 더 억울해!"

두 편으로 나뉜 채로 우리가 한창 으르렁 거릴 때였다.

"아이고! 시끄러워 죽겠네. 저승사자야! 저놈들의 잘잘못을 어서

가려 주어라!"

염라대왕이 귀를 틀어막으며 소리쳤다.

순간 저승사자가 검은 도포자락을 휘휘 날리며 우리 앞으로 쓰윽 다가왔다. 그러더니 손에 들었던 지팡이를 우리 앞에 툭 던졌다. 지팡이의 손잡이 부분이 쭉 펼쳐지자, 저승사자는 지팡이의 가운데 부분에 검은 숯으로 금을 죽 그었다.

"너희들의 잘잘못을 가리려면 먼저 '분수'라는 것부터 가르쳐야겠구나. 여기 지팡이가 몇 개 있느냐?"

"하나 있지요."

우리는 입을 모아 소리쳤다.

"그래 지팡이는 1이다. 그런데 내가 숯으로 금을 그었지? 하나를

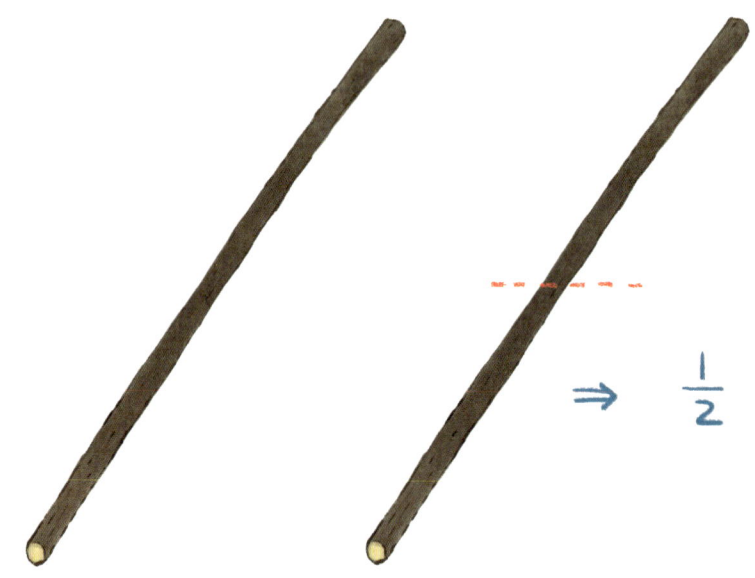

똑같이 반으로 나눈 것이다. 이럴 때 반으로 나눈 양은 '2분의 1'이라고 하는데, $\frac{1}{2}$이라고 쓰지."

"근데 그게 분수와 무슨 상관인가요?"

콩쥐가 고개를 갸웃하자, 저승사자가 다시 설명을 했다.

"그러니까 바로 $\frac{1}{2}$이 분수라는 거지. 분수는 '전체에 대한 부분'을 나타내거든. $\frac{1}{2}$은 '하나를 똑같이 2로 나눈 것 중의 1'이라는 뜻이니까."

"아하! 그럼 하나를 똑같이 3개로 나눈 것 중의 1은 $\frac{1}{3}$이 되겠구먼."

놀부도 무릎을 탁 치며 소리쳤다.

"그럼 하나를 똑같이 4개로 나눈 것 중의 1은?"

"4분의 1($\frac{1}{4}$)!"

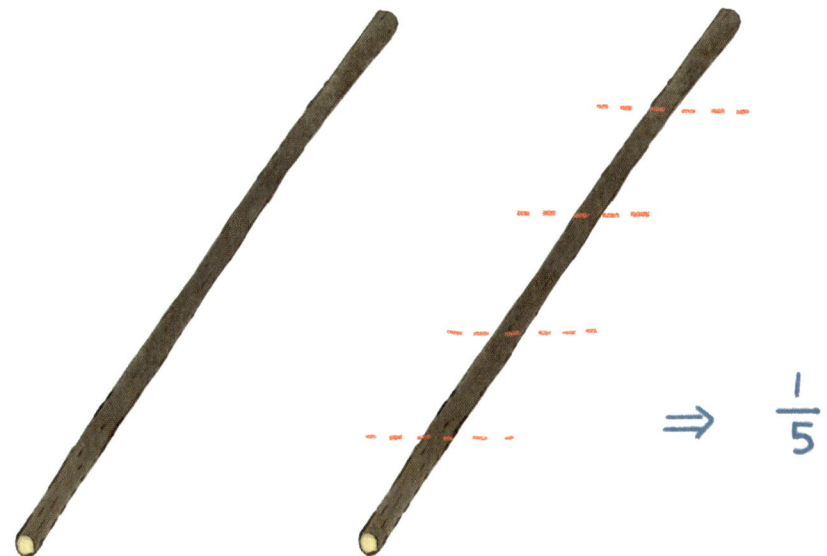

"옳거니! 그럼 하나를 똑같이 5개로 나눈 것 중의 1은?"

"5분의 1 ($\frac{1}{5}$)!"

놀이를 하듯 말을 주거니 받거니 하던 시우와 놀부가 고개를 갸웃했다.

"그런데 이게 잘잘못을 가리는 일과 무슨 상관이람?"

그때였다. 염라대왕이 놀부와 팥쥐, 그리고 시우를 번갈아 노려보며 소리쳤다.

"하나를 '똑같이' 반으로 나눈 것이라고 하지 않았느냐? 아직도 잘못을 모르겠느냐?"

그제야 시우는 고개를 푹 숙였다, 놀부는 "어험!" 괜스레 헛기침을 했고, 팥쥐는 옷고름만 손가락에 뱅뱅 감았다.

"히야! 이제야 속이 시원하네."

"왈왈 왈왈왈.(우리가 잘못한 게 아니니까 우린 집으로 돌아갈 수 있을 거야.)"

콩쥐와 나, 그리고 흥부는 서로를 끌어안고 폴짝폴짝 뛰었다.

하지만 그것도 잠깐이었다. 이내 쩌렁쩌렁 울린 염라대왕의 고함 소리!

"어차피 모두가 잘못한 것이다. 감히 내 낮잠을 깨우다니! 지옥에 온 이상, 용서는 없다. 모두 불지옥행이다!"

아이쿠! 이를 어쩌나! 모두들 하얗게 질린 얼굴로 풀썩 주저앉는데, 염라대왕이 비열한 웃음을 날리며 말했다.

"아예 방법이 없는 것은 아니지. 난 내기를 아주 좋아하거든. 내가 내는 세 문제 중, 두 문제만 맞히면 다시 땅 위로 보내 주마! 대신 틀리면 즉시 불지옥행이다. 어때? 도전해 보겠느냐?"

염라대왕의 말은 어둠 속에서 만난 한 줄기 빛이었다. 살아날 방법이 생긴 것이다.

"좋아요!"

우리는 약속이라도 한 듯이 일제히 고개를 끄덕였다.

요점

분수가 뭘까?

전체를 똑같이 나눈 것 중의 일부분의 양을 표현하는 수가 분수야.

분수는 1보다 작은 수를 나타낼 때 사용하지.

$\frac{1}{2}$은 '하나를 똑같이 2로 나눈 것 중의 1'이란 뜻인데, '2분의 1'이라고 읽어.

아래 그림처럼 전체를 세 개로 나눈 것 중의 하나는 $\frac{1}{3}$이야.

네 칸의 $\frac{1}{2}$은 두 칸이야.

이야기 둘

놀부 편을 이겨라!

📖 7. 분수

염라대왕의 문제는 두 편으로 나누어 풀기로 했다. 난 콩쥐, 흥부 아저씨와 한 편을 만들었고, 시우는 놀부 아저씨, 팥쥐와 한 편이 되었다. 대장도 정했다. 우리 편 대장은 나이가 가장 많은 흥부 아저씨가 맡기로 했다.

"흥부 아저씨는 착하고 마음씨도 고우니까 대장으로 최고예요."

"왈왈!(맞아!)"

콩쥐와 내 말에 흥부 아저씨도 흔쾌히 승낙을 했다.

문제는 시우네 편이었다.

"난 학교에서도 대장만 했어. 대장은 내가 할 거야."

시우가 먼저 대장을 하겠다고 나서자, 팥쥐도 덩달아 나선 것이다.

"안 돼! 대장은 나야. 안 그럼 우리 엄마한테 이를 거야."

물론 놀부도 가만있지 않았다.

"이놈들! 조그만 녀석들이 감히 대장을 하겠다고? 어림없지. 나 놀부로 말하자면, 누구의 명령을 들어 본 적이 없어. 언제나 명령을 내리지. 나이로 보나, 덩치로 보나 당연히 내가 대장이여."

"쳇!"

시우와 팥쥐는 동시에 콧방귀를 뀌었다. 그래도 뭐라 대거리를 하진 못했다. 사나운 놀부 표정에 기가 죽은 것이다.

놀부 편 하는 양을 구경하던 우리 편은 자신감이 넘쳤다.

"우리 편은 단합도 잘 되니까, 당연히 우리가 문제를 맞히고 승리할 거야."

"왈왈 왈왈 왈왈왈.(놀부 편을 이기고 빨리 집으로 돌아가자.)"

우리의 말을 들은 놀부 편도 샘이 난 듯 의지를 다졌다.

"쳇! 흥부 편 정도는 거뜬히 이길 수 있어."

"맞아! 놀부 편, 지화자 얼쑤!"

놀부 편은 언제 싸웠냐는 듯 셋이서 손까지 다부지게 부여잡고 구호를 외쳤다. 그러고는 우리 편을 무섭게 노려보며 소리쳤다.

"염라대왕님! 어서 문제를 내주시오."

염라대왕은 "어험! 어험!" 헛기침을 두어 번 뱉더니, 근엄한 목소리로 말했다.

"저승사자야, 어서 준비한 것을 내주어라."

"예이!"

저승사자는 무언가가 담긴 둥그런 보시기 두 개를 들고 오더니, 우리 편 앞에 하나를 놓고, 놀부 편 앞에다가 나머지 하나를 내려놓았다. 보시기 속에는 동그란 약과가 네 개씩 담겨 있었다.

"히야! 내가 젤로 좋아하는 약과다!"

팥쥐는 군침을 흘리며 덥석 약과 보시기를 잡았다.

"어라? 팥쥐 혼자 먹으려고? 안 돼! 나도 약과 좋아해."

시우도 놓칠 새라 허둥지둥 보시기를 잡아챘다. 물론 놀부도 마찬가지였다.

"이놈들! 감히 대장님의 약과를 건드리는 것이여? 당장 내놔."

놀부 편의 싸움으로 주위는 금세 난장판이 되었다.

"네 이놈들! 그만 두지 못할까! 즉시 불지옥으로 던져 버리랴?"

참다못한 염라대왕의 불호령이 떨어졌고, 그제야 놀부 편은 보시기를 내려놓고 뒤로 물러섰다. 그러자 염라대왕이 다시 근엄한 목소리로 문제를 냈다.

"앞에 놓인 약과는 너희들이 먹어도 된다. 대신 똑같이 나누어 먹어야 한다. 그게 첫 문제다. 어떻게 나누면 똑같은 양을 먹을 수 있는지, 그 방법을 알아내어라."

"야호! 정말이죠? 정말 약과를 먹어도 되는 거지요?"

팥쥐와 시우는 신이 나서 소리쳤다. 콩쥐와 흥부도 좋은 눈치였다. 눈가에 웃음이 생글생글 흘렀다. 물론 나도 신이 났다. 하지만 그보다 걱정이 더 앞섰다. 우리 편은 세 명, 근데 약과는 네 개가 아닌가!

"흥부 아저씨가 2개를 먹어요. 와리하고 난 하나씩 먹을게요. 아저씨는 어른이니까 더 많이 먹어야지요."

눈치를 보던 콩쥐가 먼저 양보를 하고 나섰다. 사실 난 콩쥐의 말에 기분이 상했다. 왜 나까지 덩달아 양보를 해야 한단 말인가. 하지만 착한 콩쥐의 말에 대거리를 할 수도 없었다. 그럼 못된 시우나 놀부, 팥쥐와 똑같은 취급을 받을 테니까.

"그건 옳지 않구나. 한참 자라는 너희들이 많이 먹어야지. 난 안 먹어도 되니까, 너희 둘이 두 개씩 먹으려무나."

흥부 아저씨는 아예 먹지 않겠다고 나섰다. 순간 난 가슴이 뜨끔했다.

'난 하나만 먹게 돼서 속이 상했는데, 흥부 아저씨는 우리를 위해 아예 굶겠다고 하잖아. 아, 맘씨 착한 콩쥐와 흥부 아저씨! 난 정말 못된 강아진가 봐.'

난 괜스레 얼굴이 붉어져서는 꼬리도 숨긴 채 고개를 떨어뜨렸다. 그런데 문득 이럴 때가 아니란 생각이 들었다. '약과를 똑같이 나누는 것'이 우리가 풀어야 할 문제가 아닌가. 이렇게 양보만 하다가 어떻게 문제를 푼단 말인가.

놀부 편을 보니 마음이 더욱 불안해졌다.

"똑같이 나누는 거라면 자신 있지. 난 늘 재산을 나누고, 늘리는 일에만 관심을 쏟았으니께."

놀부가 작은 칼을 척 들고 나섰다. 놀부는 약과 하나를 똑같이 세 등분하였다.

"일단 이것을 한 조각씩 나누어 갖는 거여. 그리고 나머지 3개의 약과는 하나씩만 가지면 되지."

그러자 이번엔 팥쥐가 칼을 척 들고 나섰다.

"방법은 또 있지. 잘 봐."

팥쥐는 나머지 세 개의 약과도 3조각씩으로 똑같이 잘랐다.

"약과 맛이 조금씩 달라. 그러니까 일단 하나를 세 조각으로 잘라서 하나씩 먹고, 두 번째 약과도 세 조각으로 잘라서 하나씩 맛을 보는 거야. 그럼 셋이 똑같이 골고루 먹을 수 있잖아. 세 번째, 네 번째 약과도 같은 방법으로 나누면 돼."

세상에! 놀부 편을 보던 난 절로 감탄사가 나왔다. 흥부와 콩쥐의 몫을 빼앗으려고 궁리를 하다 보니 팥쥐와 놀부는 저절로 나누기엔 천재가 되어 있었던 것이다. 시우도 내 몫을 빼앗아 먹으며 나누기 박사가 된 게 틀림없었다. 그렇게 잘 알면서도 모르는 척, 우리 것을 빼앗아 간 나쁜 사람들! 하지만 그런 건 문제가 되지 않았다.

"놀부 편 승리!"

저승사자가 약과를 똑같이 나눠 가진 놀부 편에 승리의 깃발을 들어 준 것이다.

"놀부 편은 분수에 대해 아주 잘 알고 있군. 놀부가 나눈 방법은 대분수로 나타낼 수 있고, 팥쥐가 나눈 방법은 가분수로 나타낼 수 있거든."

"대분수, 가분수? 그게 뭐예요?"

콩쥐의 말에 저승사자는 바닥에 지팡이로 그림까지 그려 가며 말을 이었다.

"그걸 알려면 우선 분자와 분모라는 것부터 알아야 해. 분수에서 가로 선의 아래쪽에 있는 수는 분모야. 반면 위쪽에 있는 걸 분자라고 하지.

헌데 $\frac{1}{3}$, $\frac{2}{3}$ 같이 분자가 분모보다 작은 분수는 진분수라고 해.

반면 $\frac{3}{3}$, $\frac{4}{3}$처럼 분모와 분자가 같거나, 분모보다 분자가 큰 분수는 가분수라고 하지.

"아하! 그럼 대분수는 뭔가요?"

한참 설명을 듣던 시우가 고개를 끄덕이며 말했다.

"자, 대분수는 좀 어려우니까 잘 들어야 해. 조금 전에 내가 놀부가 나누는 방법은 대분수로 나타낼 수 있다고 했지?"

"맞아요. 놀부 아저씨는 약과 한 개를 세 조각으로 나누었어요. 그리고 나머지 3개의 약과는 하나씩만 가지라고 했지요."

"그렇지. 그걸 그림으로 그려 보면 이렇게 되는데, 요걸 분수로 나타내면 $1\frac{1}{3}$이라고 쓰고 '1과 3분의 1'이라고 읽는 거야. 대분수는 자연수와 진분수로 이루어진 분수야."

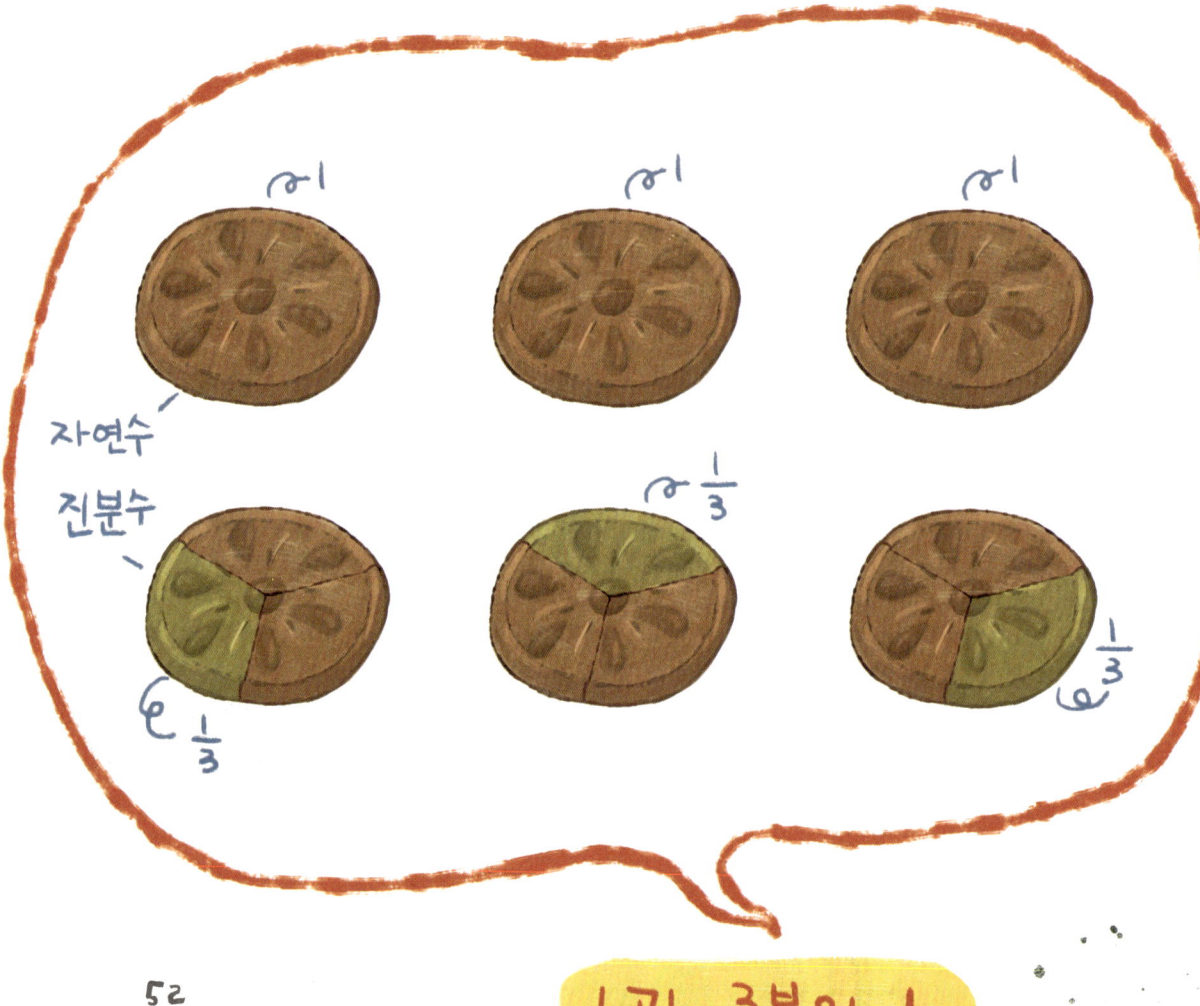

"오호라! 그럼 난 대분수 도사여."

놀부가 함박웃음을 날리며 소리쳤다. 그러자 팥쥐도 지기 싫은 눈치였다. 저승사자 앞으로 성큼 나서며 팥쥐가 말했다.

"난 네 개의 약과를 모두 세 조각씩 잘랐어요. 그리고 세 명이서 하나씩 먹게 했어요. 그걸 분수로 나타내면 가분수라고요? 그게 왜 가분수가 되나요?"

"그것도 그림으로 보면 간단하지. 약과 하나를 세 조각으로 나누고 한 조각씩 먹었으니까, 그럼 한 사람이 $\frac{1}{3}$ 크기의 조각을 4개씩 먹은 거야. 이것을 분수로 $\frac{4}{3}$이라고 쓸 수 있지.

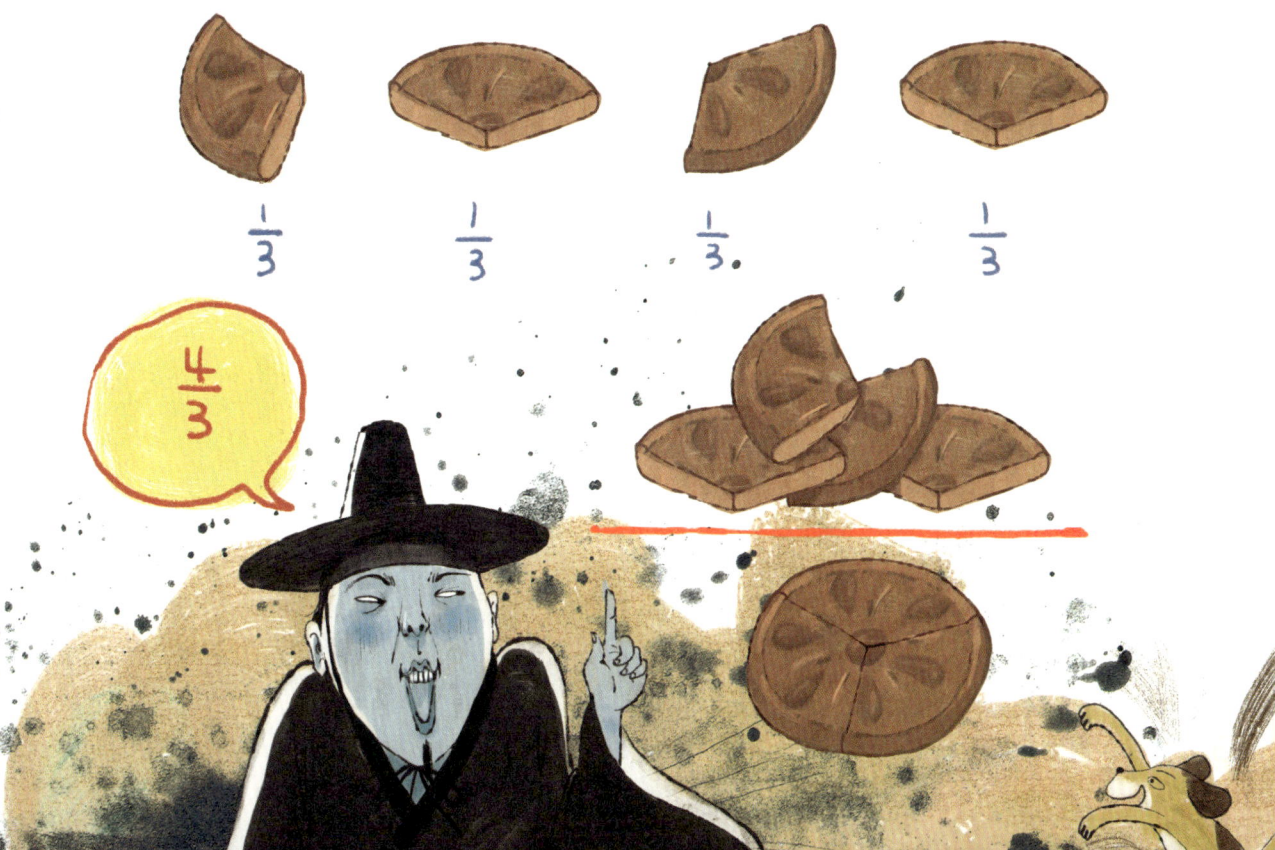

그런데 분자가 분모보다 큰 분수는 뭐랬지?"

"가분수라고 했지요."

"그렇지. 그러니까 네가 나눈 방법은 가분수로 나타낼 수 있는 거야."

"아하! $1\frac{1}{3}$은 $\frac{4}{3}$와 같은 거네요. 그럼 대분수는 가분수가 될 수 있고, 또 가분수는 대분수로 고칠 수 있겠네요."

"오호라! 팥쥐가 분수 박사군."

저승사자의 말에 팥쥐는 신이 났다. 매일 콩쥐를 구박한다며 마을 사람들로부터 '욕심쟁이, 심술꾸러기'라고 불리다가 칭찬을 받으니까 몹시 기분이 좋은 눈치였다. 놀부와 시우도 신이 났다.

"먼저 1승을 했어. 이제 한 문제만 맞히면 우린 집으로 가는 거야. 야호!"

반면 우리 편은 모두 기운이 쭉 빠졌다. 언제 두 문제를 맞힐까? 과연 맞힐 수나 있을까? 그래도 실망하지 말자며 주먹을 다부지게 쥐고 나선 건 콩쥐였다.

"실망하긴 일러. 아직 두 문제나 있잖아. 그것만 다 맞히면 돼! 기운을 내. 지화자 얼쑤!"

요점

분수의 구조
가로 선 위의 수는 분자야.
가로 선 아래의 수는 분모야.

$$\frac{분자}{분모}$$

분수의 종류
진분수 : '진'은 참의 의미로 원래의 분수를 말해.
$\frac{1}{3}$, $\frac{2}{3}$ 같이 분자가 분모보다 작은 분수야.

가분수 : '가'의 의미는 가짜, 임시라는 의미로 임시로 만든 분수를 말해. $\frac{3}{3}$, $\frac{4}{3}$ 처럼 분모와 분자가 같거나, 분모보다 분자가 큰 분수를 가분수라고 하지.

대분수 : '대'는 허리띠를 가리키는 것으로, 모양이 허리에 띠를 두른 모습 같아서 생긴 이름이야. $1\frac{1}{3}$ 과 같이 자연수와 진분수로 이루어진 분수야. '1과 3분의 1'이라고 읽으면 돼.

대분수는 가분수로, 가분수는 대분수로 바꿀 수 있어.

이야기 셋

흥부 편 $\frac{3}{6}$, 놀부 편 $\frac{3}{6}$, 그러니까 우리…

📖 6. 분수

"자연수 1을 분수로 만들어라!"

두 번째 문제를 듣는 순간, 난 눈앞이 아득해졌다.

'왈왈 왈왈왈!(집으로 돌아가긴 틀렸어!)'

불안한 예감에 가슴이 마구 뛰었다. 대체 자연수를 어떻게 분수로 만든단 말인가?

콩쥐와 흥부 아저씨도 털썩 주저앉더니, 눈물만 줄줄 흘렸다.

"아이쿠! 이젠 꼼짝없이 불구덩에 던져지고 말겠네. 엉엉!"

"흑흑! 새엄마에게 구박을 받아도 좋으니, 집으로 돌아가기만 했으면 좋겠어요."

사실 나도 콩쥐, 흥부 아저씨와 함께 엉엉 울고 싶은 마음이었다. 하지만 한편으론 그런 콩쥐와 흥부 아저씨가 한심하기도 했다. 저기 팥쥐와 놀부 아저씨, 그리고 시우를 보시라. 머리를 맞대고 열심히 방법을 찾고 있지 않은가.

"자연수가 뭐여?"

"1부터 시작해서 하나씩 더하여 얻는 수를 통틀어 이르는 말이에요. 1, 2, 3… 이런 수요."

"아하! 그런데 자연수인 1을 어떻게 분수로 바꾸지?"

"글쎄요?"

놀부의 물음에 열심히 대답하던 시우와 팥쥐는 고개를 한참이나 갸웃거렸다. 그렇지만 문제 해결 방법이 쉽게 떠오를 리가 없었다. 시우가 고개를 오른쪽으로 갸웃하면 팥쥐는 왼쪽으로 갸웃! 시우가 한숨을 한 번 내뱉으며 에구! 하면 팥쥐는 한숨을 두 번 내뱉으며 에구에구! 하였다.

그래도 어쩐지 콩쥐나 흥부 아저씨보다는 놀부네 편이 더 낫다는 생각이 들었다. 놀부 편은 열심히 노력을 하고 있지 않은가. 반면 흥부와 콩쥐는 착하기만 하지 너무 쉽게 포기를 하는 것 같아 나는 기분이 안 좋았다.

"왈왈왈 왈왈!(우리도 노력을 해 보자고!)"

내가 신경질 섞인 목소리로 소리칠 때였다.

"아이, 목말라. 물이라도 마시고 다시 생각해 보자."

팥쥐가 마른 침을 삼키며 물독 옆으로 다가갔다. 콩쥐와 나눠 담았던 물을 마시려는 모양이었다. 마침 콩쥐도 목이 마르는지 물독으로 다가갔다.

"우리도 물 좀 마시고 생각해 보자. 그럼 좋은 생각이 떠오를지도 모르잖아."

콩쥐와 팥쥐의 말에 모두들 마른 침을 삼키며 물독을 바라보았다. 그런데 또 문제가 생겼다. 팥쥐와 콩쥐가 퍼 담은 물의 양이 문제가 된 것이다.

"우리 게 더 적잖아. 물을 똑같이 나눠야지."

"팥쥐야, 무슨 소리니? 비슷하잖아. 잘 좀 보렴."

눈으로 보기엔 비슷비슷한 양이었지만, 팥쥐는 막무가내였다.

"말도 안 돼! 다시 나눠!"

팥쥐는 콩쥐의 바가지와 제 바가지의 물을 다시 물독 안에 부어 버렸다. 그러더니 잔뜩 독이 오른 목소리로 으르렁거렸다.

"다 너 때문이잖아. 네가 억울하네, 어쩌네 하는 소리만 안 했어도 이런 곳에 와서 고생하는 일 따윈 없었을 거야. 다 네 책임이라고!"

팥쥐가 하는 양을 묵묵히 지켜보던 콩쥐! 하지만 이번엔 참을 수가 없는 모양이었다. 콩쥐의 볼이 잔뜩 부풀어 오르더니, 폭풍 같은 고함 소리가 터졌다.

"이게 어떻게 내 책임이야? 새엄마하고 네가 날 괴롭히지만 않았어도 이런 일을 벌어지지 않았을 거야. 그동안 내가 얼마나 힘들었는지 알기나 해? 네가 새엄마하고 안방에서 곶감이나 먹으며 뒹굴 때, 난 시린 손을 호호 불면서 냇가에서 빨래를 했어. 네가 예쁜 옷 입고

옆 동네에 마실 갈 때, 난 뒷산에 가서 땔감을 찾아야 했다고. 네가 친구들 하고 꽃구경 갈 때 난……. 흑흑!"

콩쥐는 그만 울음을 터트리고 말았다. 그러자 옆에 섰던 흥부 아저씨까지 울먹이며 소리쳤다.

"놀부 형님도 너무혀요. 형님이 고래등 같은 집에서 따뜻하게 지낼 때, 우리 가족은 바람 숭숭 들어오는 초가집에서 벌벌 떨었다고요. 형님이 재산을 다 차지하고서 흰쌀밥에 고깃국 먹을 때, 우린 형수님이 내 볼을 밥주걱으로 칠 때 붙은 밥풀을 온 가족이 떼어 먹으며 허기진 배를 달랬다고요. 근데 박까지 더 가지겠다고 그러시는 건 너무하잖아요. 엉엉엉!"

콩쥐와 흥부 아저씨의 울음에 팥쥐와 놀부 아저씨는 무춤해졌다. 괜스레 '흠흠!' 헛기침을 하며 주위만 두리번두리번했다. 콩쥐와 흥부 아저씨의 말을 듣다 보니 나도 왠지 가슴이 답답했다. 그동안 시우에게 당한 일들이 머릿속을 맴돌았다. 강아지라고 업신여김 받던 일! 식탁에도 못 올라가게 하고 나만 바닥에서 밥을 먹어야 했던 날들! 모든 게 억울해서 울화가 치밀었다.

"왈! 왈왈……!(야! 시우! 너도……!)"

내가 막 입을 때려는데 갑자기 시우가 한구석에 놓여 있던 둥글고

기다란 유리병을 들고 오며 소리쳤다.

"그만들 해! 그런다고 문제가 해결되는 게 아니잖아. 내가 공평하게 물을 나눠 줄게."

치사한 녀석! 내가 무슨 말을 할까 봐서 설레발을 치는 게 분명했다. 그런데 시우의 말을 듣고 있으려니 틀린 말은 아니지 싶었다.

"자, 이 유리병에 물을 담은 후에 가운데에 금을 긋는 거야. 그럼 딱 반반씩 될 거 아냐. 금 그은 데까지만 우리 편이 마시고, 나머지는 흥부 아저씨네 편이 먹으면 공평하잖아. 그렇지?"

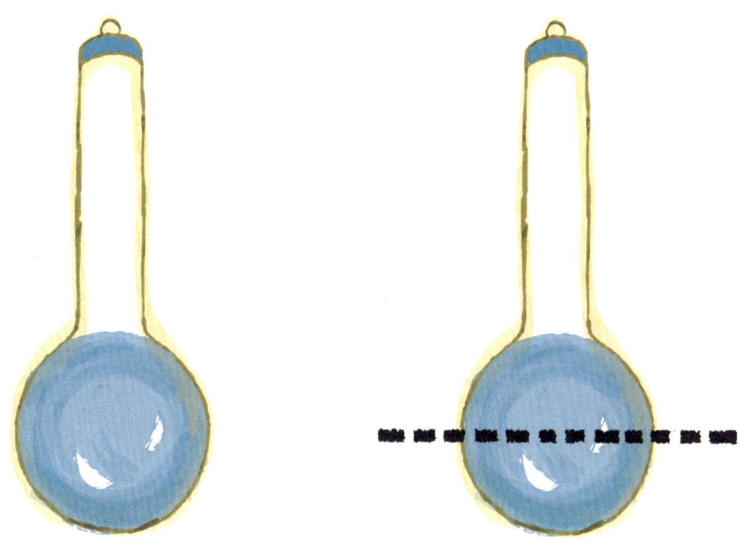

마침 독 안의 물도 꼭 유리병 만큼이었다.

"시우 말대로 혀. 그럼 콩쥐도 팥쥐도 억울할 게 없구먼."

놀부 아저씨가 제 편 바가지를 들고 와서 유리병 뚜껑을 막 열려는 참이었다.

"잠깐!"

난데없이 흥부 아저씨가 소리를 질렀다.

"가만! 가만! 요걸로 문제의 답을 찾을 수 있을 것도 같구먼."

"어떻게요?"

우리는 모두 눈을 동그랗게 뜨고 흥부 아저씨를 보았다.

"저승사자한테 배웠던 걸 생각해 보자고. 요 유리병 하나를 1이라고 생각하는 거여."

"그런데요?"

"그런데 가운데에 금을 그었잖어. 그럼 거기는 분수로 $\frac{1}{2}$이여."

66

"그래서요?"

"1의 반이 $\frac{1}{2}$이니까, 나머지 반도?"

"$\frac{1}{2}$이지요."

"그려, 그려. 그럼 $\frac{1}{2}$과 $\frac{1}{2}$을 합하면?"

"합하면?"

"잘 생각혀 봐. 두 개로 나눈 것 중의 하나는 $\frac{1}{2}$이잖여. 그럼 두 개로 나눈 것 중의 둘은?"

"아하! $\frac{2}{2}$! 야호! 답을 찾았다!"

우리는 누구 편 할 것 없이 다 함께 입을 모아 소리쳤다.

"이번 문제는 두 편이 다 맞혔군."

저승사자의 말에 우리는 기쁜 나머지 서로를 부둥켜안았다. 콩쥐는 팥쥐와 부둥켜안았고, 놀부 아저씨도 흥부 아저씨와 붙잡고 풀쩍풀쩍 뛰었다. 나도 시우와 덥석 끌어안았다.

하지만 기쁨도 잠시!

"히야! 이제 두 문제 다 맞혔으니까 우린 집에 간다!"

팥쥐의 말에 우리 편은 얼굴이 굳었다.

"참 그렇지. 놀부 아저씨네 편은 두 문제를 다 맞혔어. 하지만 우린……."

콩쥐와 흥부 아저씨는 금세 고개가 푹 꺾였다. 내 꼬리도 힘없이 툭 떨어졌다.

그런데 마침 저승사자가 던진 한 마디!

"놀부 편도 아직 땅으로 돌아갈 수 없다!"

저승사자의 말에 놀부 아저씨는 펄쩍 뛰었다.

"이게 뭔 소리여? 우린 분명 문제를 두 개나 맞혔잖여. 약속을 지켜야지!"

저승사자는 굳건한 표정으로 말을 이었다.

"너희들은 모두 여섯이다. 반반으로 나누어서 문제를 풀었으니까, 분수로 나타내면 한 편이 $\frac{3}{6}$! 다른 편도 $\frac{3}{6}$!"

"그게 어쨌다고?"

"두 편을 합쳐야 $\frac{6}{6}$! 즉 1이다!"

"그러니까 그게 어쨌다는 거요?"

"결국 하나라는 뜻이지. 그러니까 마지막 문제를 함께 맞혀야만 집으로 돌아간다는 말씀!"

"으악! 그런 법이 어딨어!"

팥쥐와 시우는 비명을 질렀다. 놀부 아저씨는 두 주먹까지 불끈 쥐며 불불 떨었다.

"저승사자는 거짓말쟁이여! 염라대왕도 사기꾼이여!"

그때였다.

"뭐라고? 날보고 사기꾼이라고? 어떤 놈이냐? 당장 불지옥에 던져지고 싶으냐?"

천둥 같은 염라대왕의 목소리가 지옥 전체를 쩌렁쩌렁 울렸다. 놀란 놀부 아저씨는 얼굴을 땅에 박고는 벌벌 떨며 소리쳤다.

"알았구먼요. 맞히면 되잖아요. 마지막 문제나 빨리 달라고요."

요점

자연수 1을 분수로 나타내면?

1과 같은 분수는 어떤 형태일까?

1과 크기가 같은 분수가 되려면 분모가 2일 때 분자도 2가 되고, 분모가 3일 땐 분자도 3이 되어야 하지.

즉 분모와 분자를 항상 같게 만들면 되는 거야.

$$1 = \frac{2}{2} = \frac{3}{3} = \frac{4}{4} = \frac{5}{5} = \cdots$$

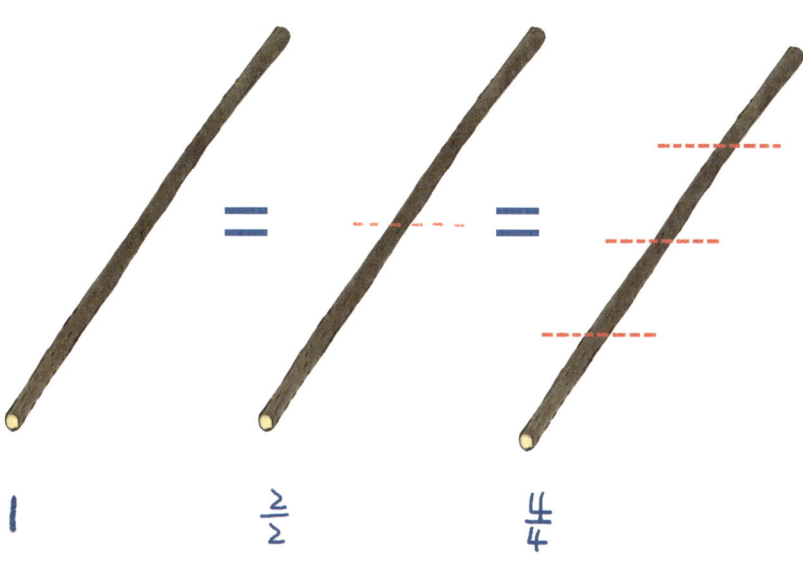

이야기 넷

염라대왕 괴롭히기 대작전

📖 6. 분수

"좋다! 마지막 문제는……."

염라대왕이 막 마지막 문제를 말하려는 참이었다.

"으아아앙! 엉엉! 견우 미워! 엉엉!"

낯선 울음소리가 지옥 안을 쩌렁쩌렁 울렸다. 그 소리가 얼마나 큰지 모두들 두 손으로 귀를 틀어막아야만 했다.

"아이쿠! 이건 또 누구의 울음소리냐?"

염라대왕이 귀를 틀어막으며 말하자, 저승사자가 귀마개를 들고 오며 말했다.

"직녀의 울음소리인 것 같습니다요."

"직녀라면 하늘나라에 살고 있질 않느냐. 하늘나라에서 우는 소리가 여기까지 들리다니! 아이고! 나 죽네. 당장 직녀를 잡아 오너라."

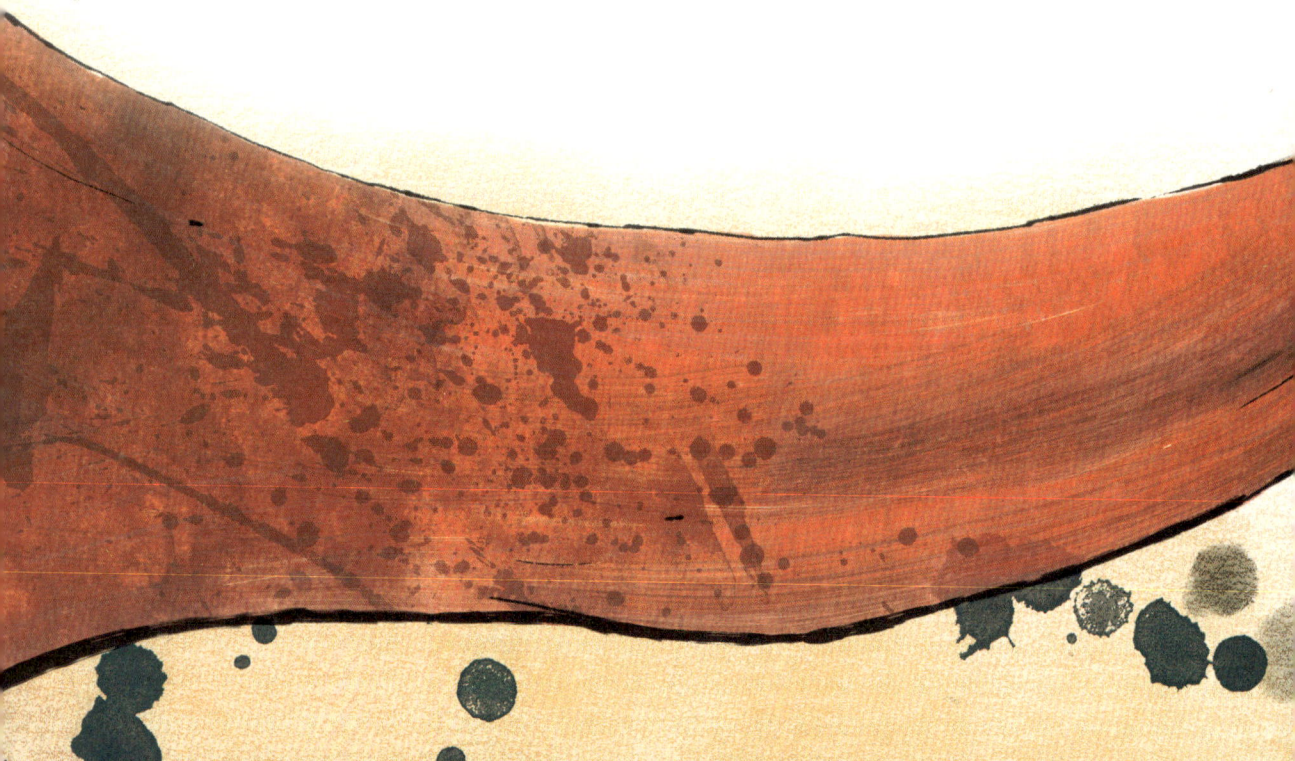

"예이!"

저승사자는 번개처럼 사라지더니, 다시 번개처럼 나타났다. 물론 징징 우는 직녀와 함께였다.

"대체 너는 왜 우는 것이냐?"

염라대왕은 직녀의 우는 얼굴을 하얗게 흡뜬 눈으로 보았다.

"엉엉엉! 견우가 마음이 변했지 뭐예요. 견우가 이젠 날 사랑하지

않는다고요. 엉엉엉!"

난 시우의 그림책에서 보았던 견우와 직녀의 이야기를 떠올려보았다. 서로 사랑하지만, 일 년에 단 하루, 칠석날에만 오작교를 건너서 만날 수 있는 견우와 직녀! 그런 견우의 사랑이 변했다고?

"무슨 소리냐? 제발 그 울음 좀 그치고 말해 보아라. 안 그럼 너도 당장 불지옥에 던져 버릴 것이다!"

염라대왕의 엄포에 직녀는 울음을 뚝 그치고는 울먹울먹 말했다.

"칠석이 다가오고 있잖아요. 그래서 전 견우를 만날 날만 기다리고 있었다고요. 칠석날이면 우린 오작교를 건너야 하기 때문에 까치와 까마귀를 모아야 하지요. 필요한 까치와 까마귀가 40마리이기 때문에 지난해까진 반반씩 준비했거든요."

"그럼 올해도 반반, 즉 $\frac{1}{2}$씩 준비를 하면 되잖느냐?"

"근데 글쎄 오늘 견우에게서 편지가 왔는데, 올해는 10마리가 이미 오작교를 만들려고 모여들었다고, 저에게 40마리의 $\frac{1}{4}$만큼의 양을 준비하라지 뭐예요. 자기는 40마리의 $\frac{1}{2}$만큼을 준비하겠대요. 염라대왕님, 세상에 이런 법이 어딨나요? 저에게 훨씬 많이 준비하라는 거잖아요. 견우의 사랑이 변한 거라고요."

"40마리의 $\frac{1}{2}$? 40마리의 $\frac{1}{4}$?"

순간 염라대왕도 셈이 안 되는지 고개를 갸웃거렸다. 한참 고민하던 염라대왕은 냅다 우리를 향해 소리치며 사라졌다.

"이게 마지막 문제다. $\frac{1}{2}$과 $\frac{1}{4}$ 중 어느 것이 더 많은 것인지 맞혀 보아라. 이번 문제는 직녀도 함께 풀어야 한다. 못 맞히면 모두 불지옥행이다!"

헉! 염라대왕도 못 푼 문제를 맞혀야 하다니! 난 눈앞이 캄캄했다.

"$\frac{1}{4}$이 더 많지 않아?"

"아냐! 아냐! $\frac{1}{2}$이 더 많을걸."

"그런가? 그러니까 40마리의 $\frac{1}{4}$은 얼마지? 아이, 헷갈려!"

모두들 머리채를 툴툴 털며 진저리를 쳤다.

시우는 예전에 학교에서 배운 분수를 기억해 내려 애를 썼다.

"음……. 학교 선생님이 이런 말씀을 하셨어. 분모가 같은 진분수는 분자가 큰 분수가 크다고 말이야. 그러니까 전체의 $\frac{3}{4}$이 $\frac{2}{4}$보다는 크단 말이지."

"분모가 같은 대분수도 금세 알 것 같아. 분모가 같다면 자연수가 큰 쪽이 더 큰 분수가 되잖아."

$$2\frac{1}{4} < 5\frac{1}{4}$$

셈이 빠른 팥쥐도 거들고 나섰다. 하지만 그뿐이었다.

"그런데 지금은 분자는 같지만, 분모가 달라. 어떻게 풀어야 하는 거야?"

콩쥐는 아예 울상이 되었다.

"우린 이제 불지옥행이야. 난 불에 타서 죽고 싶지 않아. 어쩌면 좋아?"

콩쥐의 말에 모두의 얼굴이 새파랗게 질렸다. 난 시뻘건 불가마 속에서 타 죽을 생각을 하니 너무 무서워서 울음조차 나오질 않았다. 너무 무서운 탓일까? 가슴이 턱 막히며 누군가 목이라도 누른 듯 숨까지 캑캑 막혀 오는 순간이었다.

"직녀님! 직녀님! 어디 계시오? 대답하시오?"

지옥이 흔들리도록 큰 고함 소리가 들려왔다. 직녀가 고개를 팩 돌린 건 그때였다.

"쳇! 소용없어요. 다신 견우님을 만나지 않을 거라고요!"

견우라고? 고개를 들어 보니 정말 견우를 태운 구름 마차가 스르르 내려오고 있었다. 아마도 직녀를 찾아 지옥까지 달려온 모양이었다.

"직녀님! 무사하니 다행이오. 얼마나 걱정한 줄 아시오."

견우는 직녀를 끌어안으려 했지만, 직녀는 견우의 팔을 내치며 울음을 터트렸다.

"견우님 미워! 미워! 엉엉엉! 견우님은 맘이 변했어! 보기 싫어요."

그러자 견우는 달래듯 말했다.

"그건 오해요. 나는 직녀님의 수고를 덜어 주려고 $\frac{1}{4}$만큼만 준비하라고 한 거라오."

견우도 이미 직녀가 우는 사연을 들은 모양이었다. 견우의 말에도 직녀는 막무가내였다.

"거짓말! 견우님은 $\frac{1}{2}$만 준비하면서 나에겐 $\frac{1}{4}$이나 준비하라고 했잖아요. 2보다는 4가 훨씬 큰 수잖아요."

순간, 모두들 고개를 갸웃했다.

'대체 누구 말이 맞는 거야? 그러니까 $\frac{1}{2}$! $\frac{1}{4}$!'

그러자 견우가 구름마차에서 작대기를 척 꺼내더니 소리쳤다.

"자, 그림으로 그려 보면 훨씬 쉽게 이해가 될 거요. 잘 보시오!"

견우가 작대기로 쓱쓱 그리는 그림이 바닥에 드러났다. 40마리의 까치와 까마귀를 둘로 나눠서 20마리씩 그린 그림이었다.

"여길 보시오. 필요한 까치와 까마귀는 40마리라오. 근데 $\frac{1}{2}$로

나누면 20마리가 되지 않소."

"그렇지요."

직녀는 눈물을 손등으로 훔치며 고개를 끄덕했다.

그제야 내 머릿속에서도 까치와 까마귀들이 마구 무리를 짓기 시작했다.

"왈왈 왈왈왈왈.(40마리의 $\frac{1}{4}$은 내가 그려 볼게.)"

나는 머릿속으로 그려지는 장면을 그림으로 그리기 시작했다.

"$\frac{1}{4}$이라면 40마리의 까치와 까마귀를 네 묶음으로 나누면 되지. 그중 하나가 $\frac{1}{4}$이잖아."

내 그림을 본 콩쥐가 무릎을 탁 치며 소리쳤다.

"맞아! 40마리를 네 등분해서 그중에 하나니까……."

"10마리야!"

우리는 약속이나 한 듯 한목소리로 소리쳤다.

"그러니까 직녀는 10마리를 준비하면 되고, 견우는 20마리를 준비하는 거였어. 견우의 말이 맞았어."

"그럼 분자가 1인 분수는 분모의 숫자가 작을수록 더 큰 분수가 되는 거네."

직녀가 다시 울음을 터트린 건 그때였다.

"엉엉! 난 그런 줄도 모르고 견우님만 원망했어. 미안해요, 견우님!"

"아이쿠! 미치겠네. 울음소리에 머리가 터질 것 같구나. 저승사자야, 어서 저 놈들을 땅과 하늘로 보내 버려라! 이러다간 내가 죽겠구나."

염라대왕이 진저리를 치며 고함을 친 것도 그때였다.

"야호! 우리가 답을 맞혔어!"

"히야! 집에 간다!"

우리는 서로를 부둥켜안으며 소리쳤다. 사실 문제를 맞힌 것도 기뻤지만, 더 기쁜 건 견우의 마음을 확인한 것이었다.

"그럼 그렇지! 견우의 사랑이 변할 리가 없잖아. 올해도 칠석날에 견우와 직녀가 만날 수 있어서 다행이다. 그치?"

팥쥐가 함박웃음을 지으며 콩쥐를 보았다.

"맞아. 정말 다행이야."

기분이 좋아진 탓일까, 놀부 아저씨도 은근슬쩍 흥부 아저씨 곁으로 다가갔다.

"우린 형제니까, 더 다정하게 지내야 혀."

아우야, 그동안 미안했구먼."

"아녀요, 형님. 전 형님이 젤 좋아요."

검은 도포 자락을 휘휘 날리며 달려온 저승사자는 귀마개를 틀어막으며 소리쳤다.

"이놈들! 당장 날 따르거라! 집으로 데려다 주마! 이러다가 지옥 땅 깊숙한 곳에 묻힌 영혼들까지 모두 깨어나겠다."

정말 집으로 돌아가게 된 것이다. 견우와 직녀를 태운 구름 마차

가 먼저 날아올랐다. 그 뒤를 손을 꼭 잡은 콩쥐와 팥쥐가 따랐다. 흥부 아저씨와 놀부 아저씨도 어깨동무를 하고는 저승사자가 안내하는 길을 따라 걸어가기 시작했다. 나도 시우의 곁으로 가서 꼬리를 흔들었다.

"왈왈, 왈왈왈.(시우야, 우리도 화해하자.)"

시우는 나를 들어 올리더니 품에 꼭 안아 주었다.

"그래, 와리야. 우리도 이젠 싸우지 말자. 견우와 직녀처럼 다정하게 살자."

시우의 품은 이불처럼 푸근했다. 시우도 집을 향해 발걸음을 재촉했다. 너무 힘든 하루를 보낸 탓일까, 나는 자꾸 눈꺼풀이 감겨 왔다.

아, 단잠을 자고 일어나면 즐거운 우리 집이겠지?

요점

분수의 크기 비교

분모가 같은 진분수는 분자가 큰 분수가 더 커.

$\frac{1}{4} < \frac{2}{4} < \frac{3}{4}$

분모가 같은 대분수는 자연수를 먼저 비교하면 돼. 자연수가 큰 쪽이 더 큰 분수지.

$4\frac{1}{3} > 2\frac{2}{3}$

그런데 자연수가 같을 때는 분자가 큰 쪽이 큰 분수야.

$4\frac{1}{3} < 4\frac{2}{3}$

분자가 1인 분수를 단위 분수하고 해.
단위 분수는 분모의 숫자가 작을수록 더 큰 분수야.

$\frac{1}{2} > \frac{1}{3} > \frac{1}{4} > \frac{1}{5}$

책 속 부록

개념이 쏙쏙 들어오는
엄마표 수학놀이

기발한 놀이와 홈스쿨링으로
블로거들 사이에 소문난 엄마,
중현맘이 추천하는 수학놀이로 개념과
원리를 꼭꼭 다져 주세요!

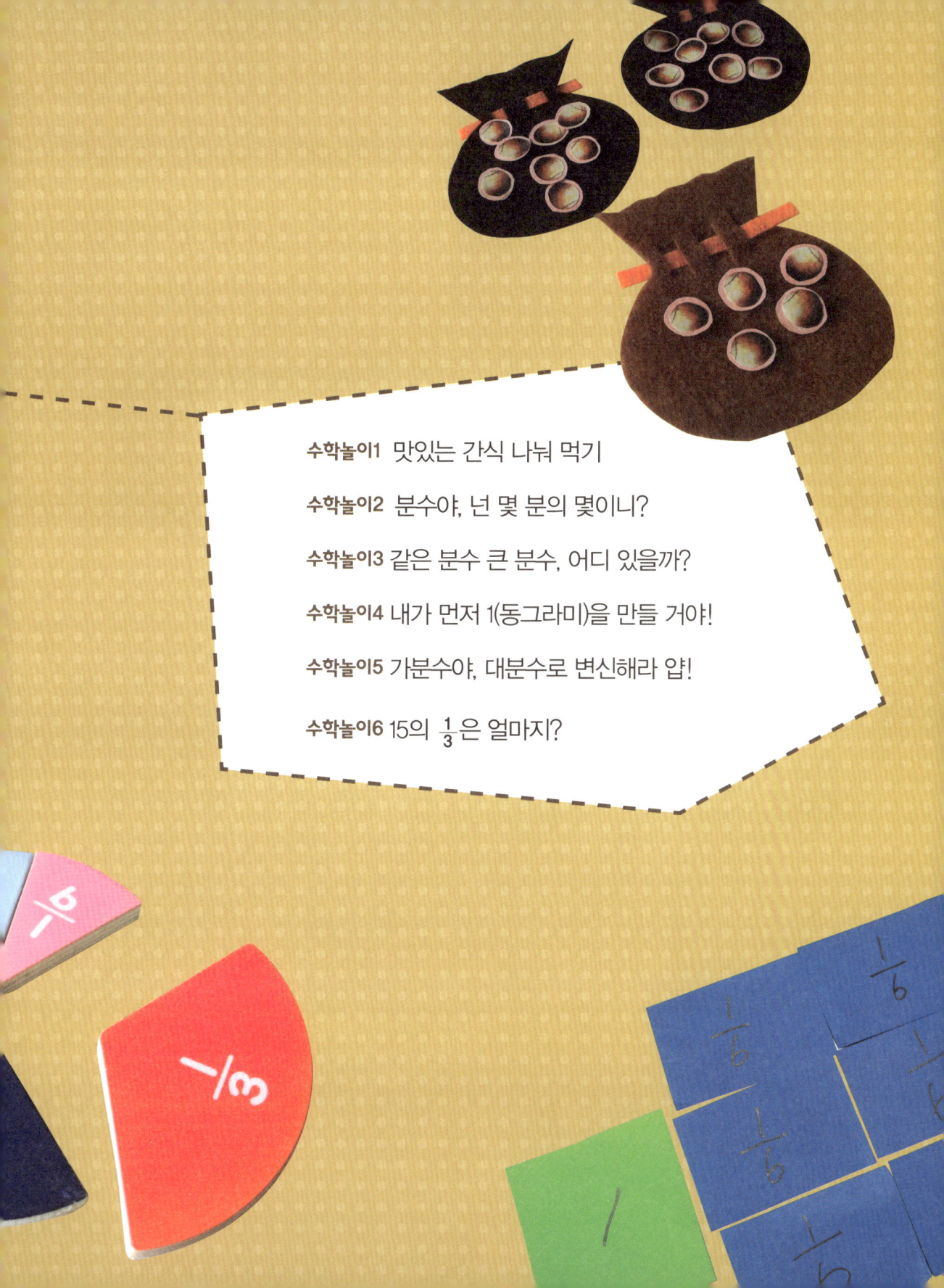

수학놀이1 맛있는 간식 나눠 먹기

수학놀이2 분수야, 넌 몇 분의 몇이니?

수학놀이3 같은 분수 큰 분수, 어디 있을까?

수학놀이4 내가 먼저 1(동그라미)을 만들 거야!

수학놀이5 가분수야, 대분수로 변신해라 얍!

수학놀이6 15의 $\frac{1}{3}$은 얼마지?

수학놀이 1

맛있는 간식 나눠 먹기

놀이의 목표 ▶ 쉽게 접하는 간식을 나누면서 분수에 대한 기본 개념 이해하기
놀이 준비물 ▶ 똑같이 나눌 수 있는 간식(초콜릿, 과일, 빵, 과자 등)

활동 1 〈똑같이 나누는 것이 분수〉

"중현아, 엄마가 화장실 청소를 하려는데 스펀지가 너무 커서 반으로 잘라야 할 것 같아. 중현이가 반으로 나눠 줄 수 있겠니?"

"예, 엄마. 이렇게 자르면 되죠?"

"정확하게 반으로 자르려고 안경도 쓰고 자로 재서 자르는 거야?"

"예, 엄마가 정확하게 반만 달라고 했으니까 정확하게 잘라야죠. 엄마, 이제 됐어요. 반이에요."

"중현아, 엄마가 반으로 잘라 달라고 했는데 이건 반이 아닌 것 같아."

"반이 뭔데요? 똑같이 잘라야 반이에요?"

"응, 반이라는 건 하나의 절반이라는 의미니까 하나를 둘로 똑같이 잘라야 하는 거야."

"그럼 엄마 제가 다시 잘라 볼게요. 자로 재서 잘라야겠는걸요."

"잘했어. 중현아. 이렇게 하나를 똑같이 나눈 수를 분수라고 하는데 똑같이 두 개로 나눈 이 하나를 반이라고 하고, $\frac{1}{2}$이라고도 해."

"저번에 수학놀이 할 때 들어 본 적 있어요. 분수는 수를 똑같이 나누는 거라고 하셨죠?"

"그래 기억하고 있구나. 그럼 엄마 청소 끝난 다음에 본격적인 분수놀이 하자."

활동 2 〈간식 나누며 분수에 대한 개념 알기〉

"중현아, 여기 간식이 많이 있네. 그런데 우리 둘이 먹기엔 양이 너무 많다. 그렇지?"

"정말 많네요. 엄마 이것들로 재미있는 놀이 하려고 준비한 거죠?"

"눈치챘어? 오늘은 친구들에게 간식 나눠주기 놀이를 할 건데 친구들이 운동회를 마치고 와서 그런지 무척 배가 고프대. 어떤 친구들이 올까? 엄마도 무척 기대되는걸."

"엄마, 저기 악어 2마리가 오는데요."

"악어 두 마리에게 똑같이 간식을 주려면 무엇을 주면 될까? 누구는 더 먹고 누구는 덜 먹고 그러면 기분 안 좋겠지? 그러니까 똑같이 나눠 줄 수 있는 간식을 찾아보자."

"엄마, 여기요. 하나를 반으로 똑같이 나눈 오렌지가 있어요. 이 오렌지를 하나씩 주면 될 것 같아요."

"그래, 그럼 악어 두 마리가 똑같이 먹을 수 있겠다."

"엄마, 이번엔 제가 동물 친구들을 데리고 올게요. 곰 세 마리가 왔어요."

"엄마는 하나를 셋으로 나눈 초코과자를 곰 세 마리에게 한 조각씩 줄래. 그럼 싸우지 않고 먹을 수 있을 거야."

"이렇게요? 제가 한 조각씩 줄게요."

"중현아, 그런데 곰돌이들이 초코과자 한 조

각씩으론 양이 안 찬다고 초콜릿도 달라고 해. 그럼 어떻게 나눠 줄까?"

"곰돌이들은 욕심도 많군요. 초콜릿은 여섯 조각이라서 6명이 오는 친구들에게 주려고 했는데 말이죠. 가만있어 보세요. 곰돌이는 세 마리고, 초콜릿은 여섯 조각이니까 한 마리당 두 개씩 먹으면 되겠네요. 이렇게 나눠 줄래요."

"맞아 잘했어, 중현아. 똑같이 나눠 가지려면 한 마리당 두 조각씩 먹으면 돼. 이번엔 어떤 친구가 와서 간식을 달라고 할까?"

"엄마, 이번엔 가족 다섯 명이 간식을 달라고 왔어요."

"다섯 명이면 여기 하나를 다섯 조각으로 똑같이 나눠 놓은 빵을 주면 되겠다. 아기까지 맛있게 먹을 수 있겠는걸."

"아기가 먹기엔 빵 하나가 너무 크지 않을까요? 하하."

"같은 과자가 4개 있지? 곰돌이 두 마리가 왔을 때와 네 마리가 왔을 때 먹을 수 있는 간식의 양은 달라지지? 하나를 많이 나누면 먹을 수 있는 양이 줄어들잖아."

"당연하죠. 하나를 둘로 나눈 것이 네 개로 나눈 것보다 크니까요."

"맞아. 이제 중현이 분수에 대한 개념이 생긴 것 같아서 본격적인 분수놀이 하면 더

잘 할 수 있을 것 같아."
"이 간식 나눠 주기 놀이가 분수놀이예요?"
"물론이지. 마지막으로 아주 어려운 간식 나눠 주기를 하면 엄마가 분수와 놀이의 연관성을 알려 줄게. 10명의 가족이 간식을 달라고 왔어. 그럼 중현이는 어떤 간식을 줄래?"
"음, 아무리 봐도 하나를 10조각으로 똑같이 나눈 간식이 없는데 어쩌죠?"
"잘 봐. 여기는 없지만 중현이가 칼로 작게 나눠 줄 수 있는 간식이 하나 있는데……."
"아, 엄마 알았어요. 5조각인 빵을 반으로 나누면 10조각이 되는군요. 10명이라서 먹을 수 있는 양은 적겠지만 이렇게 10조각으로 만들어서 먹으면 되겠어요."

"맞아, 중현아. 지금 하나의 간식을 똑같이 조각으로 나눴지? 그것을 분수라고 해. 분수는 엄마가 아기를 업은 모습을 상상하면 쉬워. 아랫부분을 분모라고 해. 분모는 하나를 몇 개로 나눴는지를 의미하고, 윗부분인 분자는 그중에 몇 개인지를 알려 주지. 그러니까 네 개로 나눈 것 중 하나는 $\frac{1}{4}$이고, 세 개로 나눈 것 중 두 개는 $\frac{2}{3}$야."
"그럼 아홉 개로 나눈 것 중 하나는 $\frac{1}{9}$이고, 여섯 개로 나눈 것 중 하나는 $\frac{1}{6}$이겠네요."
"맞아. 그렇지, 중현이 잘한다. 간식 위에 해당하는 분수를 중현이가 써 줄 수 있을까?"
"예, 엄마 물론이죠."

"처음엔 간식 나눠 주기와 분수가 무슨 관계가 있을까 이상했는데 이렇게 분수를 써 놓고 보니 알겠어요. 친구들은 똑같이 나눠 주지 않으면 더 먹겠다고 싸우고 그러잖아요. 그러니 똑같이 나눠 주는 분수가 참 고마운걸요. 다음 놀이도 기대돼요. 엄마."
"엄마도 이렇게 중현이가 즐겁게 놀아 주니까 더 많은 분수놀이 빨리 하고 싶은걸."

수학놀이 2 — 분수야, 넌 몇 분의 몇이니?

놀이의 목표 ▶ 분수를 한눈에 볼 수 있고 분수의 크기도 비교할 수 있게 된다.
놀이 준비물 ▶ 분수판, 분수가 적힌 카드, 분수가 적힌 주사위

활동 1 〈분수식을 보고 분수 그림 빨리 찾기〉

"중현아, $\frac{1}{2}$은 어떤 것을 나타낸다고 했는지 기억하니?"

"예, $\frac{1}{2}$은 두 개로 나눈 것 중 하나예요."

"맞아, 여기 엄마가 준비한 분수 카드와 분수를 나타낸 판이 있는데 이 카드와 판을 보고 중현이랑 엄마가 함께 분수를 읽어 보자. 할 수 있겠니?"

"그럼요, 엄마. 분수를 읽을 땐 분모부터 읽으면 되는 거죠? $\frac{1}{4}$, $\frac{2}{5}$, $\frac{1}{3}$ ……"

"잘 읽었어. 이제 어려운 분수도 척척 읽고 중현이 수학 실력이 많이 나아졌는걸. 그래서 엄마가 이번엔 아주 재미있는 게임을 준비했지. 분수 카드는 안 보이게 뒤집고 분수 그림판은 보이게 두는 거야. 가위바위보를 해서 이긴 사람이 원하는 분수 카드를 뒤집어. 그럼 거기에 분수식이 나오겠지? 분수 그림판에서 카드의 분수 그림을 먼저 찾는 사람이 카드를 가져가는 거야."

"와, 재밌겠어요. 한눈에 분수를 볼 수 있어야겠네요. 이긴 사람 소원 들어주기 해요."

"그래 좋아. 자 그럼 가위바위보부터 할까?"

"엄마, 제가 이겼으니 제가 카드를 뒤집을게요. $\frac{3}{4}$ 이에요. 아, 여기 어디 있었는데…… 엄마 여기 있어요. 제가 찾았어요."

"오, 잘하는걸. 엄마가 긴장을 늦추면 안 되겠다. 이번엔 어떤 분수를 찾아야 하지?"

"$\frac{2}{5}$는 엄마가 찾았다. 다음은……."

"엄마, $\frac{1}{3}$은 제가 찾았어요."

"다음은 $\frac{1}{4}$이네. 엄마가 찾아야지. 여기 있다."

"에이 거의 동시에 찾았는데 엄마가 조금 빨랐으니까 $\frac{1}{4}$은 엄마 줄게요."

"분수를 빨리 볼 수 있어서 더 재미있는 게임이었네. 중현아 카드 누가 더 많은가 세어 볼까?"

"예 엄마. 어 엄마 무승부예요. 어떻게 이렇게 똑같죠? 신기해요. 이 게임을 많이 하면 분수를 더 빨리 볼 수 있을 것 같아요. 한 번 더 할까요? 이번엔 이겨서 참치김치찌개를 먹는 소원을 이루어야 하거든요."

활동 2 〈뒤집힌 분수판을 보고 직관으로 분수 찾기〉

"중현아, 우리가 가지고 놀던 분수판들이 여기 다 모였네. 중현이가 분수 조각 맞출 수 있겠어?"

"엄마도 같이 해요. $\frac{1}{2}$, $\frac{1}{3}$, $\frac{1}{4}$, $\frac{1}{5}$까지는 쉽게 찾을 수 있는데 $\frac{1}{6}$, $\frac{1}{7}$, $\frac{1}{8}$, $\frac{1}{9}$, $\frac{1}{10}$은 조각이 작아서 그런지 헷갈려요 엄마. 이렇게 써놓은 것을 봐야 알겠어요."

"그렇지? 하나를 작게 나눈 조각들이 많으면 그 크기를 알 수 없어서 헷갈리지? 그래서 오늘은 분수와 친해지기 위해 분수판의

조각들을 다 뒤집고 안 보고 찾는 게임을 할 거야. 재미있겠지?"

"그럼 분수판에 조각 맞추기 할 때 조금 더 자세히 봐 둬야겠는걸요. 엄마 이번에도 가위바위보해서 이긴 사람 먼저 주사위 굴리면 되죠?"

"중현이가 게임을 즐거워하니 이번엔 중현이부터 주사위 굴려 봐. 엄마가 양보할게."

"엄마, $\frac{1}{2}$이 나왔어요. $\frac{1}{2}$은 절반이니까 찾기가 참 쉬워요. 여기요."

"엄마는 $\frac{1}{5}$이 나왔어. $\frac{1}{5}$은 $\frac{1}{4}$보다 작으니까 여기, 찾았다."

"엄마, $\frac{1}{10}$이 나왔어요. 이 중에 제일 작은 조각을 고르면 되겠죠? 10조각으로 나눈 것 중 하나니까 제일 작잖아요."

"맞아, 조각을 많이 나눌수록 작으니까 분모가 클수록 분수는 작아지는 거지. 엄마는 $\frac{1}{6}$이 나왔는데 이런이런 그만 $\frac{1}{7}$을 고르고 말았네. 어쩌지?"

"그러게요 엄마. 집중력을 발휘해야 해요. 엄마 전 $\frac{1}{4}$을 찾아야 하는데 뒤집고 보니 $\frac{1}{5}$인 거 있죠? $\frac{1}{4}$은 반의 반인데 이런 실수를 하다니요."

"엄마는 중현이 말대로 집중력을 발휘했더니 $\frac{1}{6}$을 한 번에 골랐어. 잘했지?"

"엄마, 이번엔 $\frac{1}{4}$을 정확하게 찾았어요. 야호!"
"엄마도 $\frac{1}{5}$을 한 번에 찾았지. 나도 야호."

"엄마, 이번엔 $\frac{1}{9}$인데요. 찾을 수 있을까요? 음……. 여기에서 제일 작은 조각이 $\frac{1}{10}$이니까 그것보다 조금 더 큰 조각을 골라서 뒤집으면 되겠죠? 여기 이거 같아요."

"과연 그럴까? 엄마도 기대되는걸. 와, 맞았어. 중현아. 잘 골랐어. 이제 분수를 보는 눈이 생겼는걸. 멋져!"

"엄마, $\frac{1}{2}$이 나왔을 때 $\frac{1}{4}$을 잘못 뒤집었어요. 그럼 이렇게 $\frac{1}{4}$ 2개를 해서 $\frac{1}{2}$을 만들어도 될까요? $\frac{1}{4}$이 2개면 $\frac{1}{2}$과 같아지잖아요."

"분수와 놀다 보니 중현이가 그것도 알게 되었구나. 그럼 엄마는 $\frac{1}{6}$ 2개로 $\frac{1}{3}$을 만들어 볼까? 분수놀이를 하다 보니 더 많은 것들을 스스로 알게 돼서 좋다. 중현아."

"맞아요. 엄마. 이제 누가 더 많은 조각을 맞게 뒤집었나 확인해 볼까요?
하하, 이건 제가 이긴 것 같은데요. 엄마. 오늘 참치김치찌개를 먹고 싶은 게 소원이니까 소원 들어 주세요."

"그래 저녁은 그럼 맛있는 참치김치찌개 끓여서 먹자. 중현아."

수학놀이 3 | 같은 분수 큰 분수, 어디 있을까?

놀이의 목표 ▶ 분수 게임을 통해서 크기가 같은 분수와 분수의 크기 알기
놀이 준비물 ▶ 사다리타기 판, 분수 문제판(엄마가 미리 만들어 준비) 색종이, 가위, 자

"중현아, 오늘은 사다리타기로 분수 퀴즈 대회를 할 거야. 엄마가 준비한 사다리판에 퀴즈를 같이 풀 동물 친구들을 붙여 줄래?"

"저는, 개, 곰, 소, 하마, 코끼리, 원숭이랑 퀴즈를 풀래요. 첫 번째는 개입니다. 자, 개는 과연 몇 번 퀴즈를 풀게 될까요? 사다리를 타 보겠습니다. 와우, 1번 문제 네요."

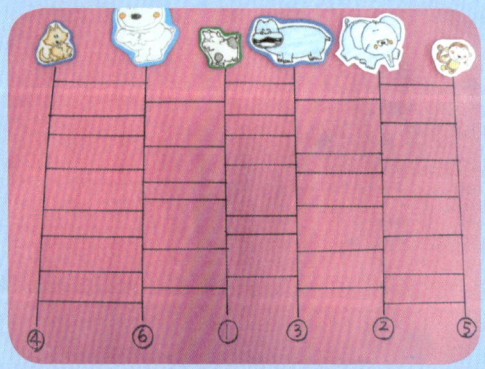

"개가 풀 1번 퀴즈 문제는 바로 이것이야. 잘 보렴."

"아, 엄마 제가 이제 개가 돼서 퀴즈를 풀게요."

"퀴즈 문제는 $\frac{1}{3}$과 같은 분수를 찾는 문제네. 어떤 분수가 $\frac{1}{3}$과 같을까?"

"빵을 나눠 줄 때처럼 $\frac{1}{3}$을 반으로 더 잘라 보면 알 수 있지 않을까요?"

"그래 그럼, 색종이로 잘라 보면서 생각해 보자. 중현이 생각이 정말 좋은데……."

"$\frac{1}{3}$을 반으로 잘랐더니 $\frac{1}{6}$이 되었어요, 또 $\frac{1}{3}$을 세 개로 잘랐더니 $\frac{1}{9}$이 되었고요. 색종이를 $\frac{1}{3}$과 같게 만들려면 $\frac{2}{6}$, $\frac{3}{9}$이 되어야겠는걸요."

을 수 있겠어?"

"엄마 절 어떻게 보시고! 물론 할 수 있죠. 보세요. 이렇게 색종이로 하면 한눈에 알 수 있어요. 사실 색종이로 안 해도 이젠 알 수 있을 것 같지만 말이에요."

"그래. $\frac{2}{3}$는 $\frac{4}{6}$, $\frac{6}{9}$와 같아. 다음 문제는 뭘까? 엄마가 곰돌이가 되어 사다리를 탈게. 퀴즈 5번 문제가 나왔어."

"그럼 이번엔 제가 문제를 내 볼게요."

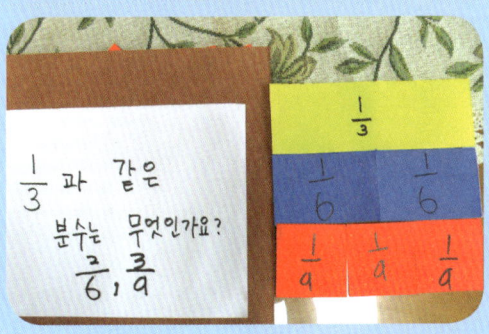

"그래 세 개로 나눈 것 중 하나는 여섯 개로 나눈 것 중 둘, 아홉 개로 나눈 것 중 세 개와 같아. 중현이가 여기에 분수식으로 써 줄래? 잘했어."

"분수는 참 재미있어요. 분모에 곱하기 2를 하면 분자에도 2를 해야 하네요."

"그렇지? 엄마와 아들에게 빵 하나씩 주는 것처럼 말이야. 그럼 $\frac{2}{3}$와 같은 분수를 찾

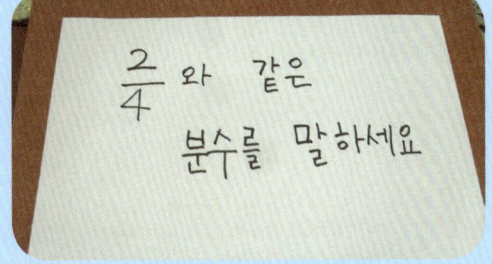

"$\frac{2}{4}$와 같은 분수 찾기네. 곰돌이가 싱글벙글 한다. 너무 쉬운 문제인가 봐. 네 개로 나눈 것 중 두 개는 절반 $\frac{1}{2}$과 같은 거잖

아. 그렇지?"

"맞아요. 엄마. 이렇게 분수판으로 만들어 보면 더 금방 알 수 있어요. 그러니까 $\frac{1}{2}, \frac{2}{4}, \frac{3}{6}, \frac{4}{8}, \frac{5}{10}, \frac{6}{12}$ 이렇게 다 같은 분수예요."

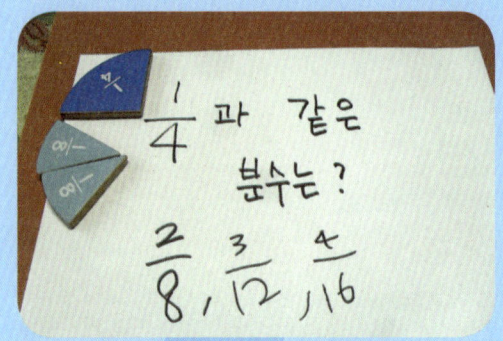

"정말 잘한다. 맞아. 모두 $\frac{1}{2}$ 과 같은 분수야. 잘 찾았어. 중현아. 다음 사다리는 누가 탈 차례지?"

"하마예요. 하마가 사다리를 탔더니 4번 퀴즈 문제가 나왔어요."

"그럼 4번 문제를 한 번 볼까?"

"엄마, $\frac{1}{4}$ 과 같은 분수를 찾는 문제예요. $\frac{1}{4}$ 은 $\frac{1}{2}$ 의 또 절반이니까 $\frac{1}{2}$ 보다 $\frac{1}{2}$ 이 작은 분수예요."

"그래 중현아."

"이렇게 분수판으로 해 보면요, $\frac{1}{4}$ 의 분자와 분모에 곱하기 2씩을 하면 $\frac{2}{8}$, 곱하기 3씩을 하면 $\frac{3}{12}$, 4씩을 하면 $\frac{4}{16}$ 이 돼요. 모두 $\frac{1}{4}$ 과 같은 분수예요."

"이제 같은 분수 찾기는 중현이에게 너무 쉬운 퀴즈 문제가 되겠는걸."

"엄마 제가 아니고요, 개, 곰, 하마에게 쉬운 문제 예요. 전 지금 제가 아니거든요."

"이번 사다리는 누가 타야 하지? 엄마 차례인데?"

"이번엔 코끼리예요. 사다리 타는 거 재미있으니까 제가 대신 타 줄게요."

"그래 코끼리는 몇 번 퀴즈 문제를 풀면 되니?"

"코끼리는 6번 문제예요, 엄마."

"그럼 코끼리가 된 엄마의 문제 한번 볼까? $\frac{1}{2}$ 과 $\frac{1}{8}$ 중 큰 분수를 찾으라는 문제네. 정말 쉽다. 당연히 두 개로 나눈 것 중 하나가 여덟 개로 나눈 것 중 하나보다 크지."
"맞아요. 엄마. 그래도 정확한 답을 위해 우리 색종이로 크기를 비교해 봐요."
"그래 중현이도 도와줘."

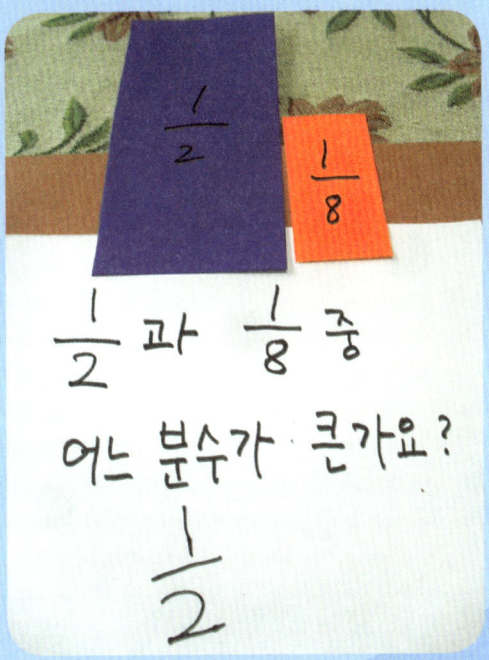

"그래 중현아 잘했어. 이젠 어떤 분수가 와도 중현이 앞에선 꼼짝 못 하겠다."
"이번엔 원숭이가 사다리를 탑니다. 2번 문제예요. $\frac{2}{3}$과 $\frac{4}{6}$는 어떤 분수가 더 큰가?라는 퀴즈네요."
"엄마 원숭이가 문제를 풀어 볼게. 이렇게 색종이로 놓아 보니까 똑같네. 3개로 나눈 것 중 두 개와 6개로 나눈 것 중 네 개니까 크기가 같다. 그치?"
"그럼 제가 '같다'라고 크게 써줄게요."

"엄마 보세요. $\frac{1}{2}$이 훨씬 더 크죠? 이렇게 답을 써주면 돼요."
"그럼 $\frac{1}{2}$과 같아지려면 $\frac{1}{8}$이 몇 개가 있어야 할까?"
"엄마도 아까 했었잖아요. $\frac{1}{2}$은 반이니까 8개로 나눈 $\frac{1}{8}$이 네 개가 와야 해요. 자, 이렇게요."

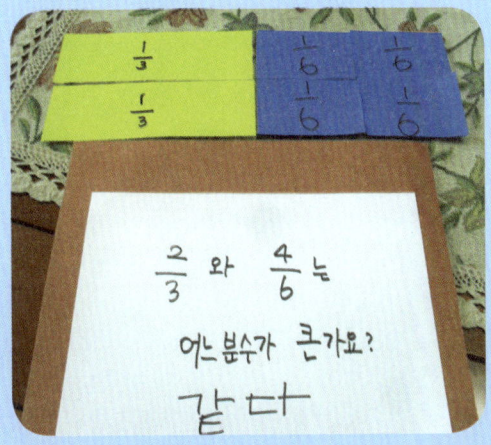

"어느덧 마지막 문제다. 그럼 마지막 소는 남아 있는 3번 퀴즈를 풀면 되겠네."

"$\frac{2}{4}$과 $\frac{3}{8}$은 어느 분수가 더 클까요? 라는 문제네요. 음 네 개로 나눈 것 중 두 개와 여덟 개로 나눈 것 중 세 개니까…… 색종이를 잘라서 대 봐야 정확히 알 수 있을 것 같아요."

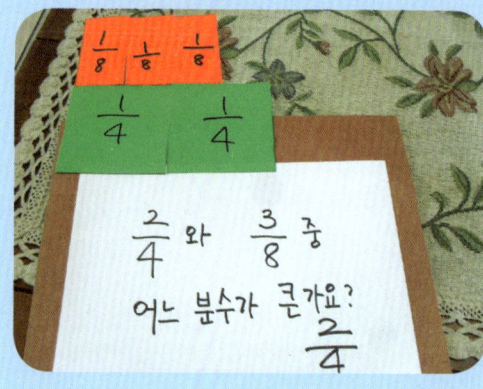

"어때? 중현아, 어느 분수가 더 크니? $\frac{2}{4}$가 더 크지?"

"아 맞다. $\frac{2}{4}$는 반이니까 $\frac{1}{2}$과 같죠? 여덟 개로 나눈 것이 반이 되려면 네 개가 와야 하니까 $\frac{1}{2}$과 같아지려면 $\frac{4}{8}$가 되어야 하는데 $\frac{3}{8}$이 더 작네요. 제가 왜 그 생각을 못 했죠?"

"이제라도 알게 되었으니 다행인걸. 이렇게 분수 퀴즈를 풀어 보니 크기가 같은 분수와 어느 분수가 더 큰지 정확하게 알겠지? 이렇게 같은 분수와 분수의 크기를 알면 나중에 분수 셈을 할 때도 쉽게 할 수 있어."

"아, 수학은 모두 연결되어 있는 것 같아요."

"그래 수와 수 사이의 관계를 알면 분수도 정말 쉽게 느껴질 거야."

"예, 엄마. 저도 이제 분수가 쉽게 느껴져요."

"정말, 중현이가 그렇다니까 엄마 기분도 좋은데……. 보람되고 말이야."

수학놀이 4	**내가 먼저 1(동그라미)을 만들 거야!**
놀이의 목표 ▶	분수를 활용하여 1(동그라미)을 만들면서 크기가 같은 분수와 분수의 크기 등을 알 수 있다.
놀이 준비물 ▶	분수식이 적힌 주사위 2개(하나는 $\frac{1}{2}$, $\frac{1}{3}$, $\frac{1}{4}$만 두 개씩 쓰여 있고, 다른 하나엔 $\frac{1}{5}$부터 $\frac{1}{10}$까지 적혀 있게 만든다.) 분수판(기존 놀이감이 없으면 동그란 그릇을 대고 아이와 함께 그려서 분수판을 만들면 된다.)

활동 1 〈 $\frac{1}{2}$, $\frac{1}{3}$, $\frac{1}{4}$만을 가지고 1(동그라미) 만들기〉

"중현아, $\frac{1}{2}$이 두 개면 뭐라고 해?"
"$\frac{1}{2}$이 2개니까 $\frac{2}{2}$가 되겠네요."
"그래 $\frac{2}{2}$는 두 개로 나눈 것 중에 전부인 두 개, $\frac{3}{3}$은 세 개로 나눈 것 중에 세 개니까 결국 전체인 1이 되는 거야. 분수는 1을 더 작게 똑같이 나누는 거잖아."
"예 알겠어요. 분수는 하나를 더 작게 나눈 수들이니까 전체는 1이 되겠네요."
"그래. 오늘은 주사위를 던져 나온 $\frac{1}{2}$, $\frac{1}{3}$, $\frac{1}{4}$만으로 누가 먼저 1(동그라미)을 만드나 게임을 할 거야."
"엄마 자신 있어요. 어서 가위바위보로 누가 먼저 할지 정해요."
"중현이가 이겼으니 중현이가 먼저 주사위를 굴려 줘. $\frac{1}{2}$이 나왔다."

"$\frac{1}{2}$ 분수 가져갈게요. 이번엔 엄마 차례예요."
"엄마는 $\frac{1}{4}$이 나왔는걸."
"$\frac{1}{2}$이 한 번만 더 나오면 제가 이겨요, 엄마."
"그러네. 그런데 과연 $\frac{1}{2}$이 나와 줄까 몰라."

"아웅, $\frac{1}{4}$이 나왔네요."

"엄마는 이번에 $\frac{1}{2}$이다."

"그럼 엄마랑 나 둘 중에 $\frac{1}{4}$이 먼저 나오는 사람이 동그라미(1)를 먼저 만들게 되겠네요. 자, 주사위 굴립니다."

"뭐야? 중현이 $\frac{1}{4}$이 나온 거야? 이런 이런. 처음에 $\frac{1}{2}$ 그리고 $\frac{1}{4}$이 두 번이니까 $\frac{2}{4}$, $\frac{2}{4}$는 $\frac{1}{2}$과 같으니까 결국 $\frac{2}{2}$로 동그라미를 먼저 완성했네. 엄마가 먼저 하려고 했는데 안타깝다."

"엄마도 기회가 한 번 더 있으니까 무승부가 될지도 몰라요. 주사위 한 번 더 굴려 보세요."

"그럴까? 자 굴린다. 엥. $\frac{1}{2}$이 나왔어. 이로써 엄마의 참패 인정 인정."

활동 2 〈$\frac{1}{2}$부터 $\frac{1}{10}$을 가지고 동그라미(1) 완성하기〉

"이번엔 조금 더 복잡한 분수를 가지고 누가 먼저 동그라미(1)를 완성하나 할 건데 이번에도 중현이 자신 있지?"

"조각이 작아지면 작전을 잘 짜야 이길 수 있겠는걸요."

"그러게 말이야. 작은 조각을 많이 가져가는 사람이 유리할 수 있으니까 같은 분수를 잘 활용해 봐. 그럼 중현이가 유리할 거야. 그리고 주사위도 두 개를 동시에 같이 굴릴 거야. 주사위 하나엔 $\frac{1}{2}$, $\frac{1}{3}$, $\frac{1}{4}$만 있고, 다른 하나엔 $\frac{1}{2}$부터 $\frac{1}{10}$까지 있어."

"그렇게 복잡하면 이번엔 동그라미를 두 개 먼저 만드는 사람이 이기는 것으로 해요. 와우! 아주 기대되는걸요. 엄마. 자 가위 바위 보로 시작할까요."

"엄마, 저는 $\frac{1}{2}$과 $\frac{1}{8}$이 나왔어요. 출발이 아주 좋아요."

"엄마는 $\frac{1}{6}$과 $\frac{1}{4}$이 나왔네, 엄마도 나쁘지 않아."

"전 $\frac{1}{9}$과 $\frac{1}{3}$이 나왔어요. 그런데 엄마 여기에 $\frac{1}{3}$이 안 들어가요. 아까 엄마가 크기가 같은 분수로 바꾸어도 된다고 했죠? 전 $\frac{1}{3}$을 $\frac{1}{6}$이 두 개인 $\frac{2}{6}$로 바꿀게요."

"엄마는 $\frac{1}{6}$과 $\frac{1}{4}$이 나왔는데 엄마도 $\frac{1}{4}$을 $\frac{2}{8}$로 바꿀래."

"저는 $\frac{1}{6}$과 $\frac{1}{3}$이 나왔어요. 아까 바꾸길 잘 했어요. 보세요. $\frac{1}{6}$이 나왔으니까 $\frac{1}{6}$ 세 개가 $\frac{1}{2}$이 되어서 벌써 동그라미 하나를 완성했어요."

"엄마도 빨리 분발해야겠는걸. 엄마는 이번에 $\frac{1}{3}$과 $\frac{1}{9}$이 나왔어. 어떻게 해야 하나? 엄마도 이제 동그라미 하나 완성."

"그래. 중현아 좋은 생각인 것 같다. 그렇게 작은 조각으로 바꾸면 동그라미 만드는 데 훨씬 도움이 될 거야. 대단한걸."
"이번엔 엄마 차례예요."

"엄마, 이번에 굴린 주사위는 $\frac{1}{2}$과 $\frac{1}{6}$이 나왔어요. 동그라미 두 개 완성이에요. 물론 엄마가 $\frac{1}{8}$과 $\frac{1}{9}$을 버려도 된다고 해 주신다면 말이에요."

"그래. 중현이가 분수의 크기도 잘 알고 이렇게 조각을 다 채워서 동그라미가 되면 1이라는 것도 잘 아니까 엄마가 $\frac{1}{8}$과 $\frac{1}{9}$은 입양하도록 하지."

"고맙습니다. 그런데 어쩌죠? 두 게임 모두 제가 이겼네요. 엄마한테 미안해서 어쩌나?"

"그렇게 미안하면 중현이가 엄마 어깨 주물러 주면 되겠네. 호호호."

수학놀이 5

가분수야, 대분수로 변신해라 얍!

- 놀이의 목표 ▶ 분수의 종류를 알고 가분수를 대분수로, 대분수를 가분수로 바꿀 수 있다.
- 놀이 준비물 ▶ 숫자 카드, 분수 표시가 된 색종이 조각, 대분수가 쓰인 주사위, 분수가 쓰인 주사위.(일반 주사위에 분수를 써서 붙여 사용하면 됨.)

활동 1 〈진분수, 가분수, 대분수를 만들고 찾아낼 수 있다.〉

"중현아. 분수에도 종류가 있다는 거 알아?"

"그래요? $\frac{1}{2}$, $\frac{1}{3}$, $\frac{1}{4}$이 다 다른 종류예요?"

"아니. 분자와 분모의 크기, 모양에 따라 분수의 이름이 있어. 우리가 흔히 말하는 $\frac{1}{2}$, $\frac{1}{3}$, $\frac{1}{4}$은 진분수라고 해. 분모보다 분자가 작지?
그럼 $\frac{9}{6}$는 진분수랑 어떻게 다르니?"

"분자가 분모보다 커요."

"그렇지? $\frac{6}{6}$이 1이니까 1보다 큰 분수야. 그중에서도 분자가 분모보다 더 큰 분수지. 왜 우리가 머리가 유난히 큰 사람을 보고 가분수라고도 하잖아. 가분수가 분자가 더 크기 때문일 거야."

"분수는 무조건 1보다 작아야 하는 건 아니군요."

"그렇지 1보다 큰 분수가 하나 더 있는데 이 분수는 가분수하고 또 다르거든.

어때? 진분수랑 비슷한 것 같은데 앞에 자연수가 있지?"

"예, 자연수랑 진분수랑 같이 있네요."
"응, 이 앞에 있는 자연수 3은 바로 $\frac{5}{5}$가 3개 있다는 걸 말하는 거지. 그리고 $\frac{2}{5}$가 더 있는 대분수야. 그럼 이제 중현이가 진분수, 가분수, 대분수를 만들어 볼 수 있겠니?"

"진분수는 분모가 더 큰 분수, 가분수는 분자가 더 큰 분수, 그리고 대분수는 자연수랑 진분수로 이루어진 분수란 말이죠? 제가 한 번 만들어 볼게요."
"중현아, 잘했어. 분모가 분자보다 더 크니, 1보다 작은 진분수 맞아."

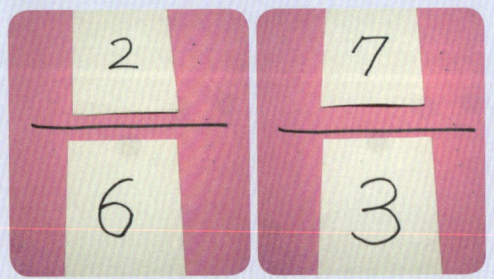

"엄마, 분자가 더 큰 가분수입니다. $\frac{7}{3}$이에요."
"맞아. 이젠 대분수만 만들면 되겠다. 그렇지?"
"문제없어요. 앞에 자연수를 오게 하고 뒤에는 진분수를 만들면 된다는 말이죠. 대분수 $1\frac{3}{5}$입니다."

"그래 대분수는 그렇게 만들고 1과 $\frac{3}{5}$라고 읽는 거야. 그 1은 $\frac{5}{5}$와 같은 것이고. 이제 분수들이 막 섞여 있는 걸 중현이가 진분수, 가분수, 대분수로 분류해 줄 수 있겠지?"
"예, 엄마."

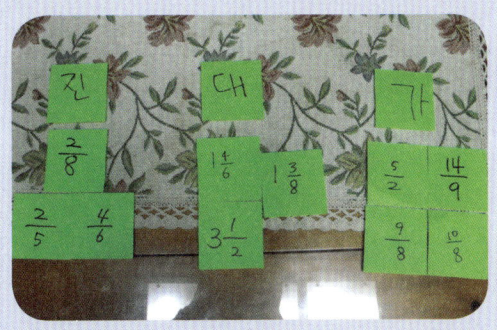

"다 됐어요. 엄마. 진분수는 진이라고 쓰고 가분수는 가, 대분수는 대라고 써서 놓았어요. 이제 분수 이름 정확하게 알죠?"

"그렇네. 이제 가분수를 대분수로, 대분수를 가분수로 만들어 주는 법도 알아보자. 복잡할 것 같지만 정말 쉬워 중현아."

"대분수를 가분수로 막 바꿀 수도 있어요? 우와!"

활동 2 〈가분수를 대분수로 대분수를 가분수로 바꿔 주기〉

"우선 여기를 보면 색종이로 만든 분수 조각과 주사위가 있지? 주사위를 잘 보면 어떤 분수가 쓰여 있는지 보일 거야."

"대분수가 쓰여 있어요."

"그렇지? 대분수의 자연수는 바로 뒤에 있는 분수의 1이 되잖아. 만약 $1\frac{2}{3}$이면 그 1은 $\frac{3}{3}$이 되고 2와 $\frac{1}{5}$이면 2는 $\frac{5}{5}$가 2개인 $\frac{10}{5}$이 되는 거고."

"예, 알아요 엄마. 우리 동그라미(1) 만들기 할 때 배웠잖아요."

"그럼 간단해. 주사위를 굴려서 나온 대분수의 자연수를 분수로 바꿔 가면 돼. 일단 한번 해 보자."

"주사위 굴려 볼게요. 엄마, $2\frac{1}{2}$이 나왔어요."

"그래. 그럼 그 대분수에서 2를 어떤 분수로 바꿔 가면 되지?"

"$\frac{2}{2}$가 두(2)개인 거니까 $\frac{1}{2}$ 네 개를 가져가면 되겠네요."

"2를 $\frac{1}{2}$로 바꿔 가지고 가서 $\frac{1}{2}$이 네 개가 되었고, 원래 있던 $\frac{1}{2}$이 하나가 있으니까 $\frac{1}{2}$이 모두 몇 개지?"
"다섯 개요."

"$\frac{1}{2}$이 다섯 개니까 $\frac{5}{2}$가 되지? 그러니까 대분수 $2\frac{1}{2}$은 가분수 $\frac{5}{2}$와 같은 거야."
"우와, 신기하다. 그러네요. 제 힘으로 다시 한번 해 볼래요."
"주사위 굴려서 나온 대분수의 자연수를 분수로 바꿔 가야 해."
"엄마, $1\frac{2}{6}$가 나왔어요. 그럼 1을 $\frac{6}{6}$과 바꿔서 뒤에 있는 $\frac{2}{6}$와 더하면 $\frac{8}{6}$이 되네요. 대분수 $1\frac{2}{6}$는 가분수 $\frac{8}{6}$과 같아요."

"알기 전에는 복잡할 것 같았는데 엄마랑 놀이로 배우니 쉽게 이해되지?"
"예, 엄마."
"이번엔 엄마 차례."
"엄마, $1\frac{5}{9}$가 나왔어요. 제가 1 가지고 있을 테니 엄마가 바꿔 가세요."
"그래 중현아, 1을 $\frac{9}{9}$로 바꿔 가야겠다. $\frac{9}{9}$와 $\frac{5}{9}$를 더하면 $\frac{14}{9}$가 되지? 어때? 엄마도 잘했지?"

"그럼요, 엄마가 어떤 엄마인데요. 수학 놀이 대장이잖아요."
"고마워. 그럼 이번엔 가분수를 대분수로

바꿔 볼까?"

"가분수에서는 1을 만들어 빼서 대분수를 만들면 될 것 같아요."

"역시, 역시! 이래서 엄마는 중현이랑 놀면 즐겁다니까. 하나를 알려 주면 둘을 아니까 말이야. 중현이 말대로 한번 해 보자."

"엄마 주사위를 굴렸더니 $\frac{11}{8}$이 나왔어요."

"그럼 $\frac{11}{8}$에서 $\frac{8}{8}$을 1과 바꾸면 되겠다. 그렇지?"

"예 그럼 1과 $\frac{11}{8}$에서 $\frac{8}{8}$을 뺀 나머지인 $\frac{3}{8}$이 남네요. 그러니까 $\frac{11}{8}$은 $1\frac{3}{8}$과 같아요. 엄마."

"응. 이렇게 하니까 분수의 덧셈과 뺄셈도 자연스럽게 알게 돼서 더 좋네."

"이번엔 $\frac{10}{6}$이에요. $\frac{6}{6}$과 1을 바꾸면 가분수 $\frac{10}{6}$은 대분수 $1\frac{4}{6}$가 되지요? 엄마, 점점 빨리 계산이 돼요. 이러다가 저 분수 박사 되는 거 아니에요?"

"이미 박사님 같은걸. 그럼 이번엔 엄마가 하나 해 볼까?"

"엄마가 하면 제가 자연수랑 바꿔 줄게요."

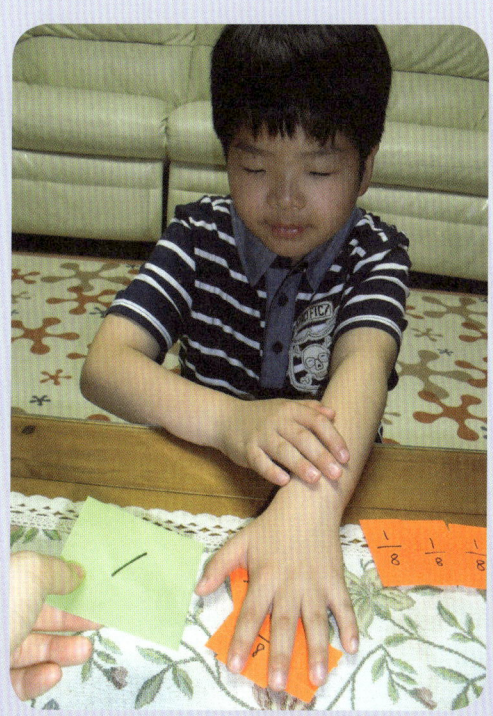

거니까요. $\frac{6}{2}$를 3으로 바꿀래요. 그럼 $3\frac{1}{2}$이 되지요?"

"$\frac{9}{4}$가 나왔어. $\frac{4}{4}$가 두 개 있으니까 $\frac{8}{4}$을 2하고 바꾸면 되겠다."

"여기 있어요. $\frac{8}{4}$과 2를 바꿔 가세요."

"그래 잘했어. 가분수야 대분수로 변해라 얍! 우리가 마술사가 된 것 같았어. 중현아 이젠 어떤 분수가 와도 두렵지 않지?"

"예, 엄마. 다 엄마 덕분이에요."

"그럼 $2\frac{1}{4}$이 되었네. 엄마도 금방 했지?"

"저 마지막으로 하나 더 해 볼래요."

"$\frac{7}{2}$이 나왔어 중현아. 어떻게 바꿀래?"

"$\frac{7}{2}$에는 $\frac{2}{2}$가 3개 그리고 $\frac{1}{2}$이 있는

수학놀이 6

15의 $\frac{1}{3}$은 얼마지?

놀이의 목표 ▶ 분수 계산을 할 수 있다.

놀이 준비물 ▶ 분수가 적힌 카드, 분수가 쓰인 조각 분수(분수 교구가 없으면 만들어서 사용하면 됨.) 주머니와 도토리(스티커와 A4 용지로 대체해서 사용하면 됨.)

활동 1 〈분수의 덧셈과 뺄셈하기〉

"중현아, 우리 돼지 삼형제 집을 날려 버린 늑대가 돼서 후후 불어 카드 뒤집기 할래?"

"좋아요. 그런데 카드를 뒤집으면 뭐가 나오는데요?"

"일단 뒤집어 보면 알지."

"아, 분수 카드네요."

"그래, 분수 카드 두 장을 뒤집어서 분수 더하기 빼기 해 보려고. 가분수를 대분수로 만들기 할 때 해 봐서 어렵지 않을 거야."

"엄마, 뒤집혔어요. $\frac{2}{4}$와 $\frac{1}{4}$이 나왔는데요."

"$\frac{2}{4}$와 $\frac{1}{4}$을 더하면 $\frac{3}{4}$이 되지? 네 개로 나눈 조각 두 개와 한 개를 더한 거니까."

"$\frac{2}{4}$에서 $\frac{1}{4}$을 빼면 $\frac{1}{4}$이 되요. 네 개로 나눈 조각 두 개에서 한 개를 뺀 거니까요."

"맞았어. 혹시 모르니까 조각으로 나뉜 분수로 다시 한 번 해 보자."

"엄마, 정확하게 맞아요."

"이번엔 조금 어려운데……. 분모가 달라. 어떡하지?"

"엄마, 힌트를 주세요."

"분수는 분모를 같게 한 후에 계산을 해야 해. 그러니까 분모가 같은 분수로 만들어 계산하면 될 것 같은데……."

"아하 알겠어요. $\frac{1}{2}$ 은 $\frac{2}{4}$ 와 같으니까, $\frac{2}{4}$ 더하기 $\frac{1}{4}$ 은 $\frac{3}{4}$ 이에요."

"그래 바로 그거야. 그리고 $\frac{2}{4}$ 빼기 $\frac{1}{4}$ 은 $\frac{1}{4}$ 이 되겠지. 잘했어, 중현아."

활동 2 〈15의 $\frac{1}{3}$ 이 얼마인지 알기〉

"중현아, 중현이가 10의 보수놀이 할 때 쓰던 주머니와 도토리 가져왔어. 이것으로 우리 분수놀이 할거야."

"이건 어떤 놀이에요?"

"중현아, '사탕 20개가 있는데 그중 아침에 $\frac{1}{5}$ 을 먹고 점심에 또 $\frac{1}{5}$ 을 먹었다. 남은 사탕의 개수는?'이라고 묻는 문제 봤지? 그 문제를 해결하기 위해서 도토리를 주머니에 붙여 가면서 놀이를 할 거야."

"지금은 복잡한 문제 같지만 엄마랑 놀다 보면 분명 쉬워질 거라 생각해요."

"고마워, 중현아. 여기 카드에 뭐라고 쓰여 있어?"

"20의 $\frac{3}{5}$ 은?'이라고 쓰여 있어요."

"20의 $\frac{3}{5}$이라는 뜻은 20을 똑같이 5개로 나눈 것 중 3개라는 뜻이야. 20을 5개로 똑같이 나누려면 주머니가 몇 개 필요할까?"

"다섯 개요."

"그렇지? 그 다섯 개의 주머니에 도토리 20개를 똑같이 나눠 담으려면 몇 개씩 담아야 할까?"

"음, 20을 5로 나누니까 4요. 네 개씩 담으면 되겠어요."

"잘했어. 네 개씩 담은 주머니가 세 개 있다는 말이잖아. 그러니까 모두 몇 개가 되냐면?"

"저 알아요 엄마. 네 개씩 든 주머니가 세 개니까 4곱하기 3, 열두 개예요."

"그래그래. 그러니까 20의 $\frac{3}{5}$은 12인 거야. 어렵지 않지?"

"예, 엄마 이젠 머릿속으로도 할 수 있을 것 같아요."

"그럼 40의 $\frac{2}{5}$를 머릿속으로 계산해 봐. 엄마는 도토리를 주머니에 붙여 볼게."

"40을 똑같이 5로 나누면 8개씩이고 그 중 두 개라고 했으니까 16. 엄마 40의 $\frac{2}{5}$

는 16이에요. 어때요 맞죠?"

"그래 맞았어. 엄마가 도토리를 붙인 주머니를 보면 알겠지? 정확히 계산했어."

"그럼 15의 $\frac{1}{3}$은 5겠네."

"예, 15를 셋으로 나눈 하나니까 5예요."

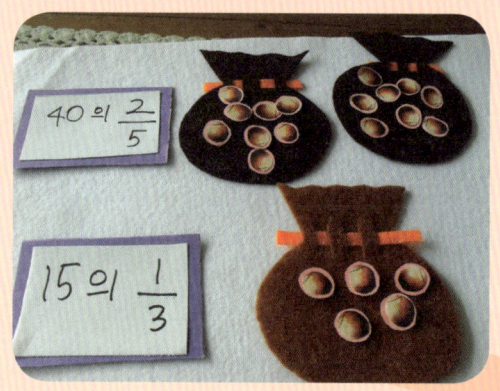

"'40의 $\frac{2}{5}$ 더하기 15의 $\frac{1}{3}$은 얼마인가?' 하는 것도 알 수 있을까?"

"그럼요. 40의 $\frac{2}{5}$가 16이고 15의 $\frac{1}{3}$이 5니까 16+5=21이잖아요. 정답은 21이에요."

"맞았어, 중현아. 그럼 이번엔 빼기도 해 보자. 40의 $\frac{2}{5}$ 빼기 15의 $\frac{1}{3}$은?"

"16-5하면 되잖아요. 엄마. 그럼 11이에요."

"잘했어. 복잡해 보이는 것도 이렇게 하나씩 차근차근 해 보니 어렵지 않지? 수학은 이렇게 개념을 이해하고 손으로 직접 해 보는 것이 제일 좋은 방법 같아. 그래서 엄마는 중현이랑 이렇게 수학놀이 하는 것이 즐거워."

"저도 마찬가지예요. 복잡해서 어떻게 하지? 하는 것들도 금방 해결이 되거든요."